Fleisch

Die 100 besten Rezepte aus aller Welt

Ausgewählt von Christian Teubner

Fleisch

Die 100 besten Rezepte aus aller Welt

Ausgewählt von Christian Teubner

Weltbild

Inhalt

FÜR 4 PORTIONEN!
Wenn nicht anders angegeben, sind die Rezepte grundsätzlich für 4 Portionen.

Fleisch

VON RIND UND KALB, VON SCHWEIN UND ZIEGE, VON SCHAF UND LAMM.

Schlachtfleisch von Haustieren – und darum, einschließlich der Innereien, geht es in diesem Buch – ist seit alters her ein fester Bestandteil des menschlichen Speiseplans. Denn Fleisch ist ein ernährungsphysiologisch wertvolles Nahrungsmittel, liefert es doch Mineralstoffe, Vitamine und vor allem wertvolle und vom menschlichen Körper besonders leicht verwertbare Proteine. Da Fleisch darüber hinaus in vielen Teilen der Welt vom Preis her zu den teureren Lebensmitteln zählt, ist es nicht weiter verwunderlich, daß nahezu überall schmackhafte Fleischgerichte den – oft festlichen – Mittel- beziehungsweise Höhepunkt eines Essens bilden. Das gilt für die traditionellen, allseits beliebten Braten, Schnitzel, Rouladen und Ragouts der europäischen Küchen ebenso wie etwa für raffiniert gewürzte Fleischcurries in Indien, für mächtige, saftige amerikanische Barbecue-Steaks oder für fernöstlich-köstliche Rind- oder Schweinefleischstreifen aus dem Wok.

FLEISCH IST VIELFALT

Gerade für Fleisch gibt es eine schier unbegrenzte Anzahl von Zubereitungsarten: Kochen, Braten, Schmoren, Pochieren, Grillen, Dämpfen, Pfannenrühren, Garen in der Bratfolie oder im Römertopf – der Phantasie und Kreativität in der Küche sind beim Zubereiten von Fleisch kaum Grenzen gesetzt. Die Rezepte und Anregungen in diesem Buch beweisen das von Seite zu Seite aufs Neue. Allerdings ist nicht jede Zubereitungsart für jedes Fleischstück unbedingt die ideale. Vom Grill oder in der Pfanne gebraten zum Beispiel schmeckt's gerade dann am besten, wenn das Fleisch »marmoriert«, also von Fettadern durchzogen ist. Ganz magere, zarte Stücke vom Schwein oder Rind dagegen, die sich hervorragend fürs minutenschnelle Pfannenrühren im Wok eignen, laufen auf dem Grill Gefahr, auszutrocknen, wenn sie nicht zuvor ausgiebig in einer ölhaltigen Marinade »baden« durften. Schon vor dem Einkauf sollte man sich deshalb gut überlegen, auf welche Art das Fleisch später zubereitet werden soll. In der Regel stammt das zarteste und damit entsprechend teuerste Fleisch vom Hinterviertel eines Tieres; dazu gehören Keule, Lendenstück und Filet. Und schließlich unterscheiden sich die Zubereitungsmethoden für im Prinzip ein und dasselbe Fleisch von Region zu Region und sorgen damit für Vielfalt: Brät man Fleischklößchen in Europa meist in der Pfanne oder legt sie auf den

Fleisch läßt sich vielfältig zubereiten. In gleichmäßige Würfel geschnitten, wird es etwa zu Ragouts verarbeitet.

Grill, können sie in Asien ohne weiteres zunächst gedämpft und dann erst knusprig ausgebacken werden. In manchen Gegenden kennt man auch Spezialzubereitungen, die geradezu Nationalcharakter haben – man denke etwa an das aufrecht am Drehspieß gegrillte türkische Kebab aus marinierten Lammfleischscheiben, das im griechischen Gyros eine Entsprechung findet.

WO QUALITÄT ENTSCHEIDET

Die negativen Schlagzeilen, in die Schlachtfleisch scheinbar regelmäßig gerät – meist bedingt durch eine auf rein wirtschaftliche Interessen zielende Massenproduktion von Billigware – machen immer wieder klar: Fleisch ist ein hochsensibles Nahrungsmittel. Deshalb gilt hier der bekannte Küchengrundsatz in besonderem Maß: Allerbeste Qualität ist oberstes Gebot! Lieber sollte man einmal auf den Fleischverzehr verzichten, als beim Einkauf Kompromisse einzugehen. Im gesundheitlich unbedenklichsten Falle könnte sich dies durch zähe, wässerige, in der Pfanne oder im Ofen hoffnungslos schrumpfende Fleischstücke rächen, die sich auch mit raffiniertesten Garmethoden und Tricks nicht in knusprige, zarte und saftige Schnitzel oder Braten verwandeln lassen. Besser, man kauft Fleisch gleich beim Bio-Bauern oder bei einem Metzger, der weiß, woher die geschlachteten Tiere stammen und auf welche Art sie aufgezogen wurden – auch wenn der Fleischgenuß dann vielleicht etwas teurer kommt. Nach dem Einkauf muß Fleisch übrigens bis zur weiteren Verwendung im Kühlschrank aufbewahrt werden; auch zum Marinieren wird es zugedeckt kühl gestellt. Auf eine lückenlose Kühlkette muß vor allem bei Hackfleisch und Innereien geachtet werden. Hackfleisch darf nur am Tag seiner Herstellung verkauft werden, und man sollte es möglichst unverzüglich zubereiten und verzehren.

HINWEISE FÜR DEN EINKAUF

Kalbfleisch stammt von Tieren, die nicht älter als 3 Monate sind, das im Handel angebotene Rindfleisch dagegen von älteren Tieren, überwiegend von 16 bis 22 Monate alten Jungbullen. Spanferkel werden im Alter von 6 Wochen, Schweine in der Regel im Alter von 6 bis 7 Monaten geschlachtet, Lämmer spätestens nach 12 Monaten. Ist das Tier älter, spricht man allgemein von Schaffleisch, speziell bei kastrierten männlichen Tieren von Hammelfleisch. Ziegen werden bis zum Alter von 4 bis 6 Wochen als Zicklein bezeichnet.

KALBSFOND

Für etwa 1,5 l Fond
2 kg Kalbsknochen, 500 g Markknochen
1/2 gebräunte Zwiebel, 2 Nelken
6 bis 8 weiße Pfefferkörner
Für das Bouquet garni:
je 80 g Möhren und Lauch
je 80 g Petersilienwurzel und Knollensellerie
1/2 Knoblauchzehe, 1 Lorbeerblatt

Die Knochen unter kaltem Wasser abwaschen, säubern und eventuell mit einem Beil weiter zerkleinern. Weiterverfahren, wie in der Bildfolge gezeigt. Zum Schluß die erkaltete Brühe entfetten.

Die Kalbsknochen zunächst blanchieren. Dazu Wasser in einem großen Topf aufkochen und die Knochen hineingeben.

Etwa eine 3/4 Stunde leise köcheln lassen. Dann die Zwiebel, die Gewürze und das Bouquet garni zugeben. Nach insgesamt 1 1/2 bis 2 Stunden Köcheln die Brühe vorsichtig durch ein feines Tuch passieren.

Sobald das Wasser einmal kräftig aufwallt, die Knochen in einen Seiher gießen, um den Schmutz zu entfernen.

Mit kaltem Wasser abbrausen, um die Knochen schnell abzukühlen und verbleibende Blutreste abzuspülen.

Die gut abgetropften Knochen zurück in den Topf geben und mit kaltem Wasser vollständig bedecken.

Zum Kochen bringen und den aufsteigenden Schaum mehrmals mit einer Schöpfkelle vollständig abnehmen.

Fond und Glace

UNERLÄSSLICH FÜR EINE GESCHMACK-VOLLE FLEISCH-KÜCHE.

Ein kräftiger Rinderfond ist die Grundlage vieler dunkler Saucen. Geschmack und Farbe bekommt er durch das Anrösten der Zutaten. Er läßt sich gut verschlossen einige Tage im Kühlschrank oder tiefgefroren bis zu 6 Monaten auf Vorrat halten. Eine Glace erhält man durch Einkochen von Brühe. Mit ihr können Gerichte glaciert (über-glänzt) werden. In kleinen Mengen verstärkt sie den Geschmack von Saucen. Die Kalbsfüße be-wirken, daß die Glace im kalten Zustand geliert.

DUNKLER RINDERFOND

Für etwa 1,5 l Fond
2 kg Rinderknochen, 500 g Markknochen, gewaschen
40 ml Pflanzenöl, 2 gebräunte Zwiebelhälften
2 Nelken, 6 bis 8 weiße Pfefferkörner
Für das Bouquet garni:
je 80 g Möhren und Lauch
je 80 g Petersilienwurzel und Knollensellerie
1/2 Knoblauchzehe, 1 Lorbeerblatt

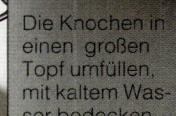

Die Knochen in einen großen Topf umfüllen, mit kaltem Was-ser bedecken.

Das Wasser zum Kochen bringen und den aufstei-genden Schaum immer wieder mit einer Schöpf-kelle abschöpfen.

Die Knochen zerkleinern, den Ofen auf 180 °C vorhei-zen. In einem Bräter das Öl erhitzen und beide Kno-chensorten einlegen.

Die gebräunten Zwiebeln, die Gewürze und das Bou-quet garni einlegen. 1 bis 1 1/2 Stunden bei mittlerer Hitze köcheln lassen.

Die Knochen im Ofen langsam rösten, dabei immer wieder den Bratsatz mit einem Bratenwender vom Boden lösen.

Ein Sieb mit einem Passier-tuch auslegen. Den Fond mit einer Schöpfkelle einfüllen und langsam durchlaufen lassen.

Haben die Knochen eine gleichmäßig goldbraune Farbe angenommen, das entstandene Fett so gut wie möglich ablaufen lassen.

Den Fond im Topf erkalten lassen und mit einem Schaumlöffel das erstarrte Fett von der Oberfläche abheben.

Anschließend den Inhalt
des Bräters vorsichtig in
einen entsprechend
großen Topf umfüllen.

Zum Kochen bringen, den
aufsteigenden Schaum im-
mer wieder abnehmen. Die
Gewürze zufügen. 1 1/2 bis
2 Stunden köcheln lassen.

Ein Spitzsieb mit einem
Passiertuch auslegen, den
Fond mit einer Schöpfkelle
nach und nach einfüllen
und durchlaufen lassen.

Den Fond bei schwacher
Hitze im offenen Topf reduzieren, bis er leicht dick-
flüssig ist. Dabei mehrmals
das Fett abschöpfen.

Die erkaltete Glace ist
von dunkler, kräftiger
Farbe und stark
gelierend. Sie bleibt auf
dem Löffel stehen.

Glace herstellen:

Nach dem Rösten von
Knochen, Kalbsfüßen
und Gemüse den
Bräter aus dem Ofen
nehmen und das
Fett in eine Schüssel
ablaufen lassen. Die
Knochen mit kaltem
Wasser bedecken
und den Bratsatz
vom Boden lösen.

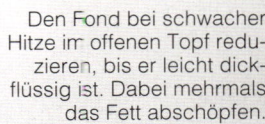

GLACE

Für etwa 0,2 l Glace
2,5 kg Rinderknochen, 1 kg Kalbsfüße
500 g Zwiebeln, 250 g Möhren
100 g Knollensellerie, 80 ml Pflanzenöl
Zum Würzen:
6 bis 8 weiße Pfefferkörner, 1 Lorbeerblatt
2 Nelken, 2 Pimentkörner
1 Thymianzweig, 1/2 Knoblauchzehe

Die Knochen und die Kalbsfüße in gleich große
Stücke zerteilen. Zwiebeln, Möhren und Knollensellerie schälen beziehungsweise putzen und in
Stücke schneiden. Mit dem Öl in einen Bräter
geben, in den auf 180 °C vorgeheizten Ofen
schieben und gleichmäßig rösten, dabei mehrmals mit einem Bratenwender wenden. Das
Gemüse mitrösten, bis es goldbraun ist. Weiterverfahren, wie in der Bildfolge beschrieben.

Die Garzeiten

GUTES FLEISCH, OB AUS DEM OFEN ODER IN DER PFANNE GEBRATEN, BRAUCHT SEINE ZEIT – ABER JEDES EINE ANDERE.

Ob Braten oder Steak – es kommt in erster Linie darauf an, den Zeitpunkt zu ermitteln, an dem die Hitzeeinwirkung am besten beendet wird. Verschiedene Faktoren sind für das Gelingen mitverantwortlich. Der Temperatur kommt eine entscheidende Rolle zu: Das Fleisch muß vor der Zubereitung Raumtemperatur angenommen haben, tiefgefrorene Stücke müssen vollständig aufgetaut sein. Damit sich die Poren schließen, muß die Temperatur zu Beginn des Bratvorgangs relativ hoch sein. Große Braten werden entweder auf dem Herd rundum angebraten und dann im vorgeheizten Ofen bei 180 °C bis 200 °C fertiggebraten. Oder sie kommen gleich in den Ofen, dann aber bei 220 °C bis 240 °C. Nach 15 bis 20 Minuten wird die Temperatur dann ebenfalls auf 180 °C bis 200 °C reduziert und das Fleisch bis zum gewünschten Garpunkt fertiggebraten. Soll ein Stück »medium«, also im Anschnitt noch leicht

▲ In der Bratfolie veranschlagt man für einen Braten von Rind, Schwein oder Hammel je cm Fleischhöhe 12 bis 15 Minuten bei 200 bis 220 °C, nach der Hälfte der Garzeit wird auf 180 °C reduziert. Durch die Feuchtigkeit im Inneren bleibt die Temperatur im Bratschlauch geringer, etwa 150 °C, und das Fleisch wird zart und saftig.

Bei der Daumenprobe prüft man, inwieweit das Fleisch auf Druck nachgibt. Rohes Fleisch ist weich, ganz durchgebratenes Fleisch gibt nur noch ganz leicht nach.

Mit einem Fleischthermometer wird die Kerntemperatur gemessen. Dafür die Spitze des Thermometers in die Mitte des Bratens stechen.

rosa gebraten werden, gibt es bei der Druckprobe mit dem Daumen an einer mageren Stelle noch leicht nach. Wesentlich genauere Ergebnisse zur Feststellung des Gargrades liefert das Fleischthermometer. Bei 50 bis 60 °C ist das Fleisch blutig bis rosa, bei 60 bis 70 °C medium/leicht rosa und bei 80 °C well-done/durchgebraten. Der Bratvorgang selbst ist aber nur die erste Stufe, denn das Nachgaren oder Nachziehenlassen ist genauso wichtig. Dabei ruht der Braten, in Alufolie gewickelt, etwa 15 Minuten, und der Fleischsaft hat Zeit, sich gleichmäßig zu verteilen. Dabei erfolgt ein Temperaturausgleich, bei dem die Kerntemperatur noch um etwa 5 °C steigt. Bei einem sofortigen Anschneiden wären die Ränder grau und trocken, und aus dem Inneren würde der Saft auslaufen. Beim Garen in der Bratfolie – der Schlauch muß ausreichend groß sein – dringen die Wärmestrahlen nahezu ungehindert in das Bratgut. Der entstehende Dampfüberdruck entweicht durch ein zuvor oben eingestochenes Loch.

Aus der Pfanne

RARE, MEDIUM ODER WELL-DONE? ALLES REINE GESCHMACKSSACHE.

Auch beim Kurzbraten in der Pfanne muß das Fleisch vorher zimmerwarm sein, feuchte Stücke mit Küchenpapier abtupfen. Steaks gelingen am besten in einer soliden Eisen- oder in einer Grillpfanne. Der Garvorgang beim Kurzbraten gliedert sich in zwei Abschnitte: Anbraten und Fertigbraten. Zum Anbraten die Pfanne mit neutralem Pflanzenöl stark erhitzen – niemals zudecken – und das Steak von beiden Seiten kurz, aber heftig (je 1 Minute) anbraten, damit sich die Poren schließen und eine dünne Kruste entsteht. Salzen und pfeffern. Zum Fertigbraten die Temperatur deutlich reduzieren und das Steak, ohne das Fleisch zu verletzen, einige Male wenden. Dabei je nach Geschmack entweder noch wenig geschmacksneutrales Fett oder viel Butter zugeben und das Steak damit beschöpfen. Um beim Kurzbraten das gewünschte Ergebnis zu erhalten, kann man sich an untenstehender Tabelle orientieren. Sicherheitshalber 1 Minute vor Ablauf der Garzeit die Daumenprobe machen: Das innen noch rohe Steak ist weich, ein »medium«-Steak in der Mitte noch elastisch, am Rand deutlich fester, und ein »well-done«-Steak gibt auf Druck nur mehr ganz leicht nach.

Rare, bleu, stark blutig: Die Kerntemperatur beträgt 45 bis 47 °C. Das Fleisch ist blutig, der austretende Fleischsaft dunkelrot.

Medium rare, saignant, blutig: Kerntemperatur 50 bis 52 °C. Das Fleisch ist in der Mitte blutig, der austretende Fleischsaft noch rötlich.

Medium, à point, halb/mittel durch: Kerntemperatur 60 °C. Das Fleisch weist einen rosa Kern auf, der austretende Fleischsaft ist nur noch rosa.

Well-done, bien cuit, ganz durch: Kerntemperatur 70 bis 85 °C. Das Fleisch ist gleichmäßig »durch«, der austretende Fleischsaft hell und klar.

GARZEITEN (Braten und Grillen)

Angaben in Minuten pro Fleischseite bei einem Gewicht von 200 g

Steakart	Garstufen			
200 g	Rare	Medium rare	Medium	Well-done
Filet	2	2 1/2	3 1/2	4-6
Entrecôte	3	3 1/2	4	6-7
Huftsteak	3	4	4 1/2	7-8
Kluftsteak	3	4 1/2	5	8-9

Eine Warnung vorweg:
Es gibt keine genaue Anleitung zum Steakbraten. Temperaturangaben aus Tabellen sind zwar hilfreich, doch man muß den Rest selbst »ertasten«.

Costeletas de Porco

SCHWEINEKOTELETTS IN EINER WÜRZIGEN SAUCE –
SO WIE MAN SIE IM BÄUERLICHEN ALENTEJO LIEBT.

Jahrhundertelange maurische Herrschaft in Portugal hat ihre Spuren hinterlassen: unter anderem eine nationale Neigung zu kräftigen, aromareichen Gewürzen oder die den Portugiesen eigene Lust an der Eroberung. Die ruhmreichen Entdeckungsfahrten heimischer Seefahrer wie Vasco da Gama oder Bartolomeu Diaz haben ihren Niederschlag auch in der Küche des Landes gefunden. Das beweist einmal mehr die Gewürzkombination von frischer Ingwerwurzel und aromatischem Koriandergrün, die den Koteletts einen für Südeuropa beinahe exotischen Hauch verleiht. Wie in vielen traditionellen Rezepten Portugals gesellen sich den in der Sauce reichlich verwendeten Paprikaschoten noch Knoblauch, Zwiebeln und Paprikapulver zu. Als Weißwein für die Sauce empfiehlt sich ein Vinho verde. Der leicht moussierende »grüne Wein« ('grün' steht hier für 'jung') ist gut gekühlt auch ein exzellenter Begleiter zu den Costeletas.

Kartoffelschnitze, in gutem Olivenöl kroß gebraten, sind eine ideale Beilage zu diesem einfachen Rezept.

4 Stielkoteletts vom Schwein (von je 180 bis 200 g)
Salz, frisch gemahlener Pfeffer
4 EL Olivenöl
Für die Paprikasauce:
200 g grüne Paprikaschoten
1 Knoblauchzehe
15 g frische Ingwerwurzel
100 g Zwiebeln
2 EL Olivenöl
1 gehäufter TL edelsüßes Paprikapulver
150 ml Weißwein
150 ml Fleischbrühe
Salz, frisch gemahlener schwarzer Pfeffer
1 EL gehacktes Koriandergrün
Außerdem:
Koriandergrün zum Garnieren

Die Paprikaschoten unter fließendem kaltem Wasser waschen, trockentupfen und der Länge nach halbieren. Mit Hilfe eines scharfen Küchenmessers, ein kleines Gemüsemesser taugt dafür am besten, den Stielansatz mit den Samen sowie die weißen Scheidewände entfernen.

Zunächst die Sauce zubereiten. Dafür die Paprikaschoten vorbereiten wie links gezeigt. Das Fruchtfleisch in 5 mm große Würfel schneiden. Die Knoblauchzehe, den Ingwer sowie die Zwiebeln schälen und alles sehr fein hacken. In einer Kasserolle das Olivenöl erhitzen. Knoblauch, Ingwer und Zwiebeln darin glasig anschwitzen. Die Paprikawürfel kurz mitbraten, mit dem Paprikapulver bestauben und alles gut vermengen. Mit Weißwein und Fleischbrühe ablöschen und die Paprikasauce bei reduzierter Hitze 10 Minuten köcheln lassen. Mit Salz und Pfeffer würzen, den gehackten Koriander einstreuen und bis zur weiteren Verwendung beiseite stellen. Die Schweine-

koteletts salzen und pfeffern. In einer entsprechend großen Pfanne das Öl erhitzen, die Koteletts nebeneinander einlegen und kräftig anbraten. Die Hitze reduzieren und die Koteletts von beiden Seiten 4 Minuten braten. Die Koteletts aus der Pfanne nehmen, auf vorgewärmten Tellern anrichten, mit etwas Sauce übergießen und mit einigen Korianderblättchen garnieren. Die restliche Sauce separat dazu reichen. Nach Belieben Bratkartoffeln zu den Koteletts servieren. Dafür kleine, möglichst bereits am Vortag gekochte Kartoffeln schälen und der Länge nach vierteln. In einer Pfanne in reichlich Olivenöl von allen Seiten goldbraun braten.

Schweinefleisch mit Muscheln

UNGEWÖHNLICH, IN DER PORTUGIESISCHEN KÜCHE JEDOCH AN DER TAGESORDNUNG: DIE KOMBINATION VON FLEISCH UND MEERESTIEREN.

Es heißt, diese pikante Zusammenstellung stamme aus der Inquisitions-Zeit: Man bot sie frisch bekehrten Christen an, um herauszufinden, ob sie nicht doch jüdischen Glaubens seien.

800 g Schweineschulter, ohne Knochen
Salz, frisch gemahlener Pfeffer
3 EL Pflanzenöl
200 ml Fleischbrühe, 250 g rote Paprikaschoten
1 kg Muscheln (Herz-, Teppich- und Miesmuscheln)
Für die Marinade:
4 Knoblauchzehen, je 1 rote und grüne Chilischote
1/2 unbehandelte Zitrone, 70 g Frühlingszwiebeln
2 Lorbeerblätter
300 ml Weißwein (Vinho verde)
Außerdem:
1 EL gehacktes Koriandergrün

1. Für die Marinade den Knoblauch schälen und fein hacken. Die Chilischoten von Samen und Scheidewänden befreien und in feine Ringe schneiden. Die Zitrone gut waschen, in dünne Scheiben schneiden. Frühlingszwiebeln putzen, waschen und quer in 1,5 cm lange Stücke schneiden. Das Schweinefleisch etwa 3 cm groß würfeln. Die vorbereiteten Zutaten für die Marinade mit den Lorbeerblättern und dem Fleisch in eine große flache Form füllen, alles gut vermischen und mit dem Weißwein übergießen. Zugedeckt über Nacht im Kühlschrank durchziehen lassen.

2. Die Fleischwürfel aus der Marinade nehmen und gut abtropfen lassen. Salzen und pfeffern. In einem Topf das Öl erhitzen, das Fleisch darin rundum anbraten, Marinade sowie Fleischbrühe angießen, die Hitze reduzieren und das Fleisch zugedeckt 40 bis 50 Minuten köcheln lassen.

3. Inzwischen die Paprikaschoten vierteln, Samen und Scheidewände entfernen und das Fruchtfleisch in dünne Streifen schneiden.

4. Die Muscheln gründlich waschen, Sand und Kalkreste entfernen, geöffnete Exemplare wegwerfen. Von den Miesmuscheln mit den Fingern den Bart abziehen. In den letzten 5 Minuten der Garzeit die Muscheln sowie die Paprikastreifen zum Fleisch geben. Zugedeckt garen, bis die Muscheln sich geöffnet haben. Geschlossene Exemplare wegwerfen. Mit Salz und Pfeffer abschmecken, Fleisch und Muscheln mit gehacktem Koriander bestreuen und servieren.

Zicklein in Knoblauchsauce

WENN ZICKLEIN JUNG AM MARKT FEILGEBOTEN WERDEN, HAT DIESES GERICHT SAISON.

Ein Rezept, das mit jungem Knoblauch und sonnenfrischem Rosmarin die Aromen des Frühlings in sich birgt. Wunderbar dazu: ein Risotto mit Morcheln und Thymian.

Für die Knoblauchpaste:
3 junge Knoblauchzehen
3 in Salz eingelegte Sardellenfilets
1 EL frische, gehackte Rosmarinnadeln
2 EL milder Weißweinessig
Für das Zickleinragout:
300 g Tomaten
1 kg Zickleinfleisch aus der Schulter
2 Knoblauchzehen, frisch gemahlener Pfeffer
4 EL Olivenöl, 300 ml Kalbsfond
60 g schwarze Oliven, 1 Zweig Thymian
einige Rosmarinnadeln, Salz nach Bedarf

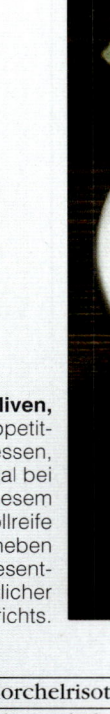
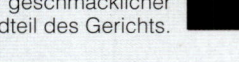

»Azeitonas« – Oliven, meist als Appetithäppchen gegessen, fehlen in Portugal bei keinem Menü. In diesem Rezept sind vollreife schwarze Oliven neben dem Fleisch ein wesentlicher geschmacklicher Bestandteil des Gerichts.

Für den Morchelrisotto:
40 g Butter, 60 g Zwiebel, geschält und fein gehackt
70 g frische Morcheln, 300 g spanischer Rundkornreis
120 ml Weißwein (Vinho verde)
900 ml Gemüsefond, Salz, 1 EL gehackte Petersilie
Außerdem:
einige Thymianblättchen zum Bestreuen

1. Die Knoblauchzehen für die Paste schälen, fein hacken. Von den Sardellen das Salz abschütteln. Die Filets zusammen mit Knoblauch und Rosmarin im Mörser zu einer homogenen Paste verreiben. Nach und nach den Essig einrühren und die Paste bis zur weiteren Verwendung kühl stellen.

Ölbäume der unterschiedlichsten Arten wachsen in Portugal. Ein Großteil der volkswirtschaftlich wichtigen Früchte wird zu Olivenöl verarbeitet, dessen beste Pressungen meist eine goldgelbe Farbe mit einem nur leichten Grünton haben.

2. Tomaten kreuzweise einschneiden, in kochendem Wasser blanchieren, häuten und vierteln. Stielansatz und Samen entfernen und die Viertel quer halbieren.

3. Die Zickleinschulter mit einem scharfen Messer in mittelgroße Stücke teilen. Den Knoblauch schälen, durch die Presse drücken. Die Fleischstücke pfeffern und mit dem Knoblauch einreiben. In einer Pfanne das Öl erhitzen und darin das Fleisch unter häufigem Wenden kräftig anbraten. Nach und nach den Kalbsfond angießen. Die Hitze reduzieren und das Zickleinfleisch noch etwa 20 Minuten weiterbraten.

4. Inzwischen die Butter für den Risotto zerlassen, Zwiebeln darin hell anschwitzen. Die sorgfältig gewaschenen Morcheln vierteln, mitschwitzen. Den Reis zuschütten, unter Rühren glasig werden lassen. Mit dem Wein ablöschen, reduzieren. Nach und nach unter ständigem Rühren den Fond angießen, salzen. Den Risotto in 12 bis 15 Minuten fertiggaren, zuletzt die Petersilie einstreuen.

5. In den letzten 10 Minuten der Kochzeit des Fleisches Tomaten, Oliven und Kräuter untermischen, die Knoblauchpaste einrühren. Alles gut vermengen, abschmecken, mit Thymianblättchen bestreuen und mit dem Risotto servieren.

Maurische Spießchen

DIE SPANIER LIEBEN IHRE »PINCHITOS«: EINFACH MARINIEREN,
GUT DURCHZIEHEN LASSEN UND DANN AB AUF DEN GRILL.

In zahlreichen Varianten, zubereitet aus den unterschiedlichsten Fleischsorten, finden sich Spieße auf Spaniens Speisekarten. Vor allem in Andalusien bereichern sie die »Tapa«-Auswahl der unzähligen kleinen Bars und Restaurants, wo sie im besten Fall über offenem Feuer gebraten werden. Da wird dann zum Snack, was in diesem Rezept als Hauptgericht gedacht ist. Pinchitos morunos schmecken also auch perfekt nur zu einem Stück Weißbrot und einem Glas vom persönlichen Lieblings-Roten.

250 g Schweinenieren
600 g Schweinefleisch von der Nuß
5 g Kreuzkümmel, gemahlen
1 Messerspitze Cayennepfeffer
15 g edelsüßes Paprikapulver
Salz
frisch gemahlener schwarzer Pfeffer
6 EL Olivenöl
einige Blättchen vom Stangensellerie
Außerdem:
Holzspießchen

Der Marinade muß man ein wenig Zeit gönnen. Nur wenn die Fleischstückchen gut von den Gewürzen durchzogen sind, schmecken sie nach der kurzen Garzeit richtig herzhaft.

1. Die Schweinenieren horizontal in 2 Hälften teilen, 10 Minuten unter fließendem kalten Wasser wässern und mit Küchenpapier trockentupfen. Die dünne Außenhaut abziehen und die innenliegenden Harnleiter und Fettablagerungen entfernen. Die Nierenhälften in etwa 1 cm dicke Scheiben schneiden. Das Schweinefleisch in Würfel mit 2 bis 3 cm Kantenlänge schneiden.

2. In einer großen, weiten Schüssel Kreuzkümmel, Cayennepfeffer, Paprikapulver, Salz und Pfeffer gut mit dem Olivenöl verrühren. Die Nierenscheiben und die Fleischwürfel in dem gewürzten Öl wenden und zugedeckt mindestens 2 Stunden im Kühlschrank durchziehen lassen.

3. Fleisch- und Nierenstücke herausnehmen, abtropfen lassen und abwechselnd mit den gewaschenen Sellerieblättchen auf Holzspieße stecken.

4. Die bestückten Spieße auf dem vorgeheizten Grill 8 bis 10 Minuten grillen, dabei mehrmals wenden und das Fleisch immer wieder mit dem gewürzten Öl bepinseln. Wird ein Holzkohlegrill verwendet, sollte eine Abtropfschale unter das Grillgut gestellt werden, damit das abtropfende Fett nicht mit der Glut in Berührung kommt.

5. Zu den scharfen maurischen Spießchen paßt in leicht gesalzenem Wasser gekochter spanischer Rundkornreis, mit gehackter Petersilie bestreut, ebenso grüne Oliven.

Schweinenierchen, ▶
sorgfältig gesäubert und in Scheiben geschnitten, gehören unbedingt mit auf die Pinchitos morunos.

Jamón serrano, luftgetrockneter Bergschinken, der hauchdünn geschnitten wird, gilt weit über Spanien hinaus als Delikatesse. Ein Grund, warum er auch »pur« zu den Lieblings-Tapas der Einheimischen gehört.

Salbei-Fleischröllchen

EIN AUSGESUCHT FEINER ANDALUSISCHER TAPA
ZU EINER PIKANTEN TOMATENSAUCE MIT SHERRY.

Größe und Form mögen an Cevapcici vom Balkan erinnern, geschmacklich ähneln sie sich nicht. Die Hackfleischröllchen dieses Rezepts bestechen durch das markante Aroma frischer Salbeiblätter und die sanfte Würze echten Serrano-Schinkens.

Für die Fleischröllchen:
2 Knoblauchzehen, 30 g Zwiebel
600 g Hackfleisch vom Rind und Schwein
2 EL feingehackte Petersilie, 2 Eier
50 g Semmelbrösel
Salz, frisch gemahlener schwarzer Pfeffer
1/2 TL edelsüßes Paprikapulver
28 Salbeiblättchen
28 Scheiben Serrano-Schinken, dünn geschnitten
28 Zahnstocher, 5 EL Olivenöl
Für die Tomatensauce:
100 g Zwiebeln
1 Knoblauchzehe
800 g reife Tomaten
2 EL Olivenöl
50 ml Sherry Amontillado
1 Lorbeerblatt, 1/8 l Gemüsefond
Salz, frisch gemahlener schwarzer Pfeffer

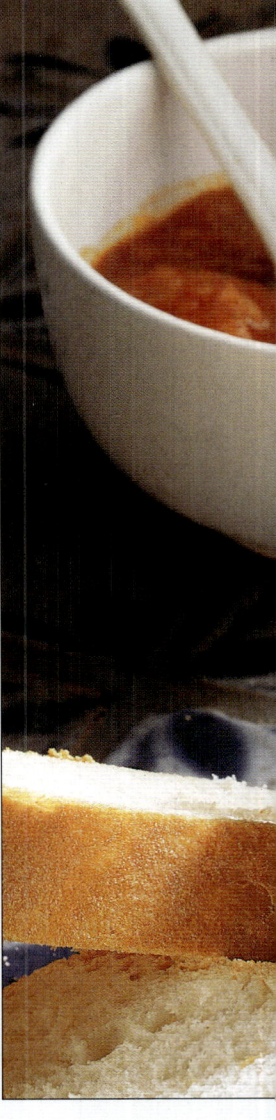

Die Salbeiblättchen sind nicht nur Bestandteil des Rezepts, sondern auch optische Bereicherung.

1. Zunächst die Tomatensauce zubereiten. Dafür die Zwiebeln und die Knoblauchzehe schälen, fein hacken. Die Tomaten in kochendem Wasser blanchieren, häuten, halbieren, Stielansatz und Samen entfernen. Das Fruchtfleisch klein würfeln.

2. In einer Kasserolle das Öl erhitzen, Zwiebeln und Knoblauch darin hell anschwitzen. Mit Sherry ablöschen, Tomatenwürfel unterrühren. Das Lorbeerblatt einlegen, den Gemüsefond zugießen und alles einmal aufkochen. Die Hitze reduzieren, salzen, pfeffern und zugedeckt noch etwa 30 Minuten köcheln lassen.

3. Für die Fleischröllchen Knoblauch und Zwiebel schälen und sehr fein hacken. Das Hackfleisch in einer Schüssel mit Zwiebeln, Knoblauch, Petersilie, Eiern, Bröseln und Gewürzen vermengen.

4. Aus dem Fleischteig 28 Bällchen (zu je etwa 25 g) und diese dann zu Rollen von etwa 6 cm Länge formen. Jede Rolle mit 1 Salbeiblatt belegen und jeweils in 1 Scheibe Serrano-Schinken (von etwa 5 cm Breite) einwickeln und mit einem Zahnstocher feststecken.

5. In einer entsprechend großen Pfanne das Olivenöl erhitzen und die eingepackten Fleischröllchen darin rundum 4 bis 5 Minuten braten. Die Salbei-Fleischröllchen auf Tellern anrichten, die Tomatensauce separat dazu reichen und mit frischem Weißbrot servieren.

Lammrücken
mit Fenchel und Oliven

EIN SPANNENDES REZEPT AUS DEM LAND DER OLIVEN. DAZU
PASSEN SEHR GUT GEKOCHTE NEUE KARTOFFELN.

Aus der Presse
fließt das junge Oliven-
öl in eine Tonne, wo es
sich vom Fruchtwasser
aufgrund der unter-
schiedlichen Dichte
beider Flüssigkeiten
absetzt und so »abge-
zogen« werden kann.

Für den Lammrücken:
800 g Lammrücken, ausgelöst
6 EL Olivenöl
10 zerdrückte weiße Pfefferkörner
Salz, 2 EL gehacktes Fenchelgrün
100 g Schalotten, 300 ml Lammfond
2 cl Pastis, frisch gemahlener Pfeffer
Für das Fenchelgemüse:
80 g Zwiebeln, 500 g Fenchel mit Grün
300 g Tomaten, 2 EL Olivenöl, 300 ml Gemüsefond
Salz, frisch gemahlener weißer Pfeffer
50 g kleine schwarze Oliven

1. Den Lammrücken quer in 4 Stücke von je 200 g teilen. In einem großen, flachen Gefäß Öl, zerstoßenen Pfeffer, Salz und Fenchelgrün verrühren. Die Lammstücke im gewürzten Öl wenden, zugedeckt 5 bis 6 Stunden im Kühlschrank durchziehen lassen.

2. Für das Gemüse die Zwiebeln schälen, fein hacken. Vom Fenchel das Grün abschneiden, ebenfalls fein hacken, die Knollen längs in dünne Scheiben schneiden. Tomaten blanchieren, abschrecken, häuten, Stielansatz und Samen entfernen und das Fruchtfleisch klein würfeln. In einer Kasserolle das Öl erhitzen und die Zwiebeln darin farblos anschwitzen. Den Fenchel einlegen, Gemüsefond angießen, mit Salz und Pfeffer würzen und bei nicht zu starker Hitze 10 bis 15 Minuten zugedeckt dünsten.

3. In einem Bräter 2 EL des gewürzten Öls erhitzen. Die Fleischstücke darin rundum anbraten. Vom Herd nehmen und bei 200 °C im vorgeheizten Ofen in 15 bis 20 Minuten fertig garen. Dabei das Fleisch immer wieder mit dem Bratöl beträufeln. In der Zwischenzeit die Schalotten schälen, fein hacken, in den letzten 5 Minuten mitbraten.

4. Die Tomatenwürfel sowie die Oliven 5 Minuten vor Ende der Kochzeit unter das Gemüse mischen, Fenchelgrün einstreuen, abschmecken und warm stellen.

5. Das Fleisch aus dem Bräter ausstechen und ebenfalls warmhalten. Den Lammfond zum Bratsatz gießen, auf die Hälfte reduzieren. Durch ein Sieb passieren, den Pastis einrühren, abschmecken. Die Lammstücke jeweils in Scheiben schneiden, mit dem Gemüse und der Sauce anrichten.

Olivenernte in Katalonien: ▶
Die Oliven – je nach Reifegrad
von grün bis lila – werden
mit einem Rechen vom
Baum »gekämmt« und auf
den ausgelegten Kunst-
stoffnetzen aufgefangen.

Reife, rote Paprika-schoten sind milder und haben zudem einen höheren Vitamin-C-Gehalt als ihre unreif geernteten grünen Verwandten.

Gegrillte Kalbsleber mit Paprikagemüse

DAZU PASSEN HERVORRAGEND NEUE KARTOFFELN MIT EINER ERFRISCHENDEN KALTEN TOMATENSAUCE.

»Patatas con salsa encarnada« heißt die im Sommer so beliebte Kartoffelbeilage in Spanien. Geschält oder in der Schale, warm oder kalt, die Kartoffeln schmecken in jeder Form mit der roten Sauce, die ähnlich wie die berühmte kalte »gazpacho« zubereitet wird, aber eben ausschließlich mit Tomaten.

4 Scheiben Kalbsleber (von je 120 g)
3 EL Olivenöl
Salz, frisch gemahlener schwarzer Pfeffer
50 g Butter
2 EL gehackte glatte Petersilie
Für das Paprikagemüse:
je 300 g rote und grüne Paprikaschoten
1 kleine Roja (spanische Kirschpaprika)
5 EL Olivenöl
80 g frische Perlzwiebeln, geschält und geviertelt
80 ml Kalbsfond
Salz, frisch gemahlener weißer Pfeffer
Für die Salsa encarnada:
250 g reife Tomaten
20 g frisch geriebenes Weißbrot
2 Knoblauchzehen, geschält und fein gehackt

Petersilienbutter, unmittelbar vor dem Servieren zubereitet und über die gegrillte Kalbsleber geträufelt, verleiht dieser einen noch feineren Geschmack.

2 EL Weißweinessig, Salz
1/2 TL edelsüßes Paprikapulver, 30 ml Olivenöl
Außerdem:
600 g kleine neue Kartoffeln, 50 g Meersalz

1. Von der Kalbsleber Haut und Sehnen entfernen. Die Leberscheiben mit Olivenöl bestreichen und kurz in den Kühlschrank stellen.

2. Die Paprikaschoten für das Gemüse bei 220 °C im Ofen backen, bis die Haut »Blasen« wirft. Herausnehmen, in einer Plastiktüte »schwitzen« lassen. Häuten, längs halbieren, Samen und Scheidewände entfernen, das Fruchtfleisch längs achteln.

Die Roja halbieren, Samen und Scheidewände entfernen und das Fruchtfleisch fein würfeln.

3. Das Öl erhitzen und die Zwiebelviertel darin hell anschwitzen. Die Paprikastreifen und -würfel etwa 4 Minuten mitschwitzen. Mit dem Fond ablöschen, salzen, pfeffern. Das Gemüse bei 200 °C im vorgeheizten Ofen etwa 15 Minuten schmoren.

4. Inzwischen die Kartoffeln gut waschen und in reichlich Salzwasser etwa 20 Minuten garen.

5. Für die Salsa encarnada die Tomaten blanchieren, häuten, Stielansatz und Samen entfernen, das Fruchtfleisch grob hacken. Die Brösel in 3 EL Wasser einweichen, mit Tomaten, Knoblauch und Essig im Mörser fein zerreiben. Mit Salz und Paprikapulver würzen. Das Öl tröpfchenweise unter ständigem Rühren zufügen.

6. Die Leberscheiben von jeder Seite auf dem vorgeheizten Grill 2 bis 3 Minuten grillen, salzen und pfeffern. In einem Pfännchen die Butter zerlassen und die Petersilie einrühren.

7. Die gegrillte Leber mit der Petersilienbutter beträufeln, mit dem Paprikagemüse und den Kartoffeln anrichten. Die Salsa separat dazu reichen.

Cocido madrileño

»GEKOCHTES NACH MADRIDER ART«: GESOTTENES FLEISCH
MIT KICHERERBSEN UND GEMÜSE.

Cocido, ursprünglich ein Festtagsgericht der jüdischen Bevölkerung, wurde nach deren Vertreibung von der spanischen Küche vereinnahmt. Ergänzt um Schweinefleisch und Würste, ist es heute das traditionelle Fleischgericht schlechthin. Seine Beilagen – Kichererbsen und Gemüse – liefert es gleich mit und auch die Vorspeise kommt aus demselben Topf: Die intensive Fleischbrühe reicht man, meist mit einer Einlage aus Reis und etwas Gemüse, als ersten Gang.

Für 8 Portionen
250 g Kichererbsen, 600 g gepökelte Rinderbrust
300 g gepökeltes Schweinefleisch aus der Keule
700 g gepökelte vordere Schweinehaxe
300 g Markknochen
1 Schweinefuß (von etwa 300 g), halbiert
70 g Zwiebel, 3 Nelken, 4 geschälte Knoblauchzehen
2 Lorbeerblätter, 10 schwarze Pfefferkörner
1 küchenfertiges Hähnchen (etwa 1 kg)
800 g Wirsing, 150 g Möhren
120 g junger Lauch
300 g Navets (weiße Rübchen) mit Grün
600 g kleine festkochende Kartoffeln
Salz, frisch gemahlener schwarzer Pfeffer
2 Chorizos (etwa 200 g)
1 EL grobgehackte glatte Petersilie

1. Die Kichererbsen 30 Minuten in heißem Wasser einweichen und abgießen.

2. Rinderbrust, Schweinefleisch und -haxe in einem großen Topf mit kaltem Wasser bedecken, zum Sieden bringen und 10 Minuten kochen lassen. Das Wasser abgießen. Die Markknochen, den Schweinefuß und die eingeweichten Kichererbsen zufügen und erneut mit kaltem Wasser bedecken. Die Zwiebel mit den Nelken spicken, mit dem Knoblauch und den restlichen Gewürzen in den Topf geben. Alles zum Kochen bringen und den aufsteigenden Schaum abschöpfen. Die Hitze reduzieren und das Fleisch zugedeckt 50 Minuten leise köcheln. Das Hähnchen außen und innen gründlich waschen, noch weitere 30 Minuten mitköcheln lassen. Das Fleisch sollte dabei immer mit Brühe bedeckt sein; gegebenenfalls noch etwas Wasser nachgießen.

3. Die äußeren Wirsingblätter entfernen, den Kopf achteln. Die Möhren schälen, längs vierteln und in 5 cm lange Stifte schneiden. Den Lauch putzen, waschen und in 5 cm große Abschnitte schneiden. Das Grün bis auf die Herzblättchen von den weißen Rübchen entfernen, diese dünn schälen. Die Kartoffeln schälen und halbieren.

4. Etwa 1 1/2 l Fleischbrühe in einen Topf abseihen und das vorbereitete Gemüse bis auf den Lauch darin 15 Minuten köcheln lassen. Den Lauch zufügen und 5 Minuten weiterköcheln. Falls nötig, noch etwas salzen und pfeffern.

5. Die Chorizos häuten, in Scheiben schneiden und 3 bis 4 Minuten im Fleischtopf erwärmen. Das Hähnchen zerteilen, die verschiedenen Fleischstücke in Scheiben schneiden, das Mark aus den Knochen lösen.

6. Das Fleisch, die Kichererbsen, das Gemüse, das Mark und die Wurstscheiben auf vorgewärmten Tellern anrichten. Mit etwas Brühe begießen, mit der Petersilie bestreuen und servieren.

Schweinelende im Schinkenmantel

DAZU EIN MIT KNOBLAUCHMAYONNAISE VERFEINERTES, ÜBERBACKENES KARTOFFELPÜREE.

Kaum eine andere spanische Spezialität ist über die Landesgrenzen hinaus so bekannt wie der luftgetrocknete Serrano-Schinken. Die Keulen stammen von freilaufenden Schweinen der Rasse »cerdo iberico«, die sich nur von Gräsern und Kräutern ernähren und so ein besonders würziges Fleisch haben. Überdies wird der Schinken aufwendig gepökelt und monatelang in frischer Bergluft getrocknet, ehe er verzehrbereit ist.

1 kg ausgelöster Schweinerücken
1 Schweinenetz (40 x 25 cm)
1 EL Thymianblättchen, 1 TL edelsüßes Paprikapulver
1/2 TL frisch gemahlener weißer Pfeffer
abgeriebene Schale von 1/2 unbehandelten Zitrone
6 dünne Scheiben Serrano-Schinken (etwa 120 g)
400 g frische Perlzwiebeln, 3 EL Olivenöl
150 ml Sherry fino, 1/4 l Kalbsfond
Für das Kartoffelpüree:
1 kg mehligkochende Kartoffeln, Salz
5 Knoblauchzehen, geschält und halbiert
1/2 TL grobes Meersalz
40 g Weißbrot ohne Rinde, in Milch eingeweicht
1 Eigelb, 1/4 l Olivenöl, 1 Spritzer Zitronensaft
Außerdem:
2 EL Sahne, 40 g frisch geriebener Manchego
Öl zum Bepinseln des Blechs

Das Schweinenetz im kalten Wasser etwa 30 Minuten wässern und gut ausdrücken. Vom Schweinerücken Fettrand und Sehnen entfernen. Thymian, Gewürze und Zitronenschale vermischen. Das Fleisch damit rundherum einreiben. Ein Stück Frischhaltefolie (25 x 50 cm) auf die Arbeitsfläche legen, die Schinkenscheiben darauf aus-

Das gewürzte Fleisch an der Schmalseite auf den Schinken legen und mit Hilfe der Folie in den Schinken rollen. Die Folie entfernen. Das Schweinenetz auf der Arbeitsfläche ausbreiten und das mit Schinken umwickelte Fleisch darin einschlagen.

breiten und weiterverfahren, wie in der Bildfolge gezeigt. Die Perlzwiebeln schälen. Das Olivenöl in einem Bräter erhitzen, das Fleisch darin von allen Seiten anbraten und wieder aus dem Topf nehmen. Die Zwiebeln im Bratöl anschwitzen, mit dem Sherry ablöschen und den Kalbsfond zugießen. Den Braten in den Topf zurücklegen und bei 200 °C im vorgeheizten Ofen 35 bis 40 Minuten braten, zwischendurch immer wieder mit der Sauce begießen. Die Kartoffeln für das Püree schälen, in Stücke schneiden und in leicht gesalzenem Wasser 20 bis 25 Minuten kochen. Das Wasser abgießen, die Kartoffeln ausdampfen lassen und durch eine Presse in eine Schüssel

drücken. Die Knoblauchzehen mit dem Salz im Mörser verreiben, mit dem ausgedrückten Weißbrot sowie dem Eigelb vermischen und rühren bis eine glatte Paste entstanden ist. In eine Schüssel umfüllen. Das Olivenöl zunächst tropfenweise, dann in dünnem Strahl zugeben und mit dem Schneebesen unterrühren, mit dem Zitronensaft würzen. Die Mayonnaise unter die Kartoffeln rühren und das Püree mit dem Spritzbeutel auf ein geöltes Backblech spritzen. Mit der Sahne beträufeln, mit dem Käse bestreuen und im vorgeheizten Ofen bei 200 °C überbacken. Den Braten in Scheiben schneiden, die Sauce etwas reduzieren und mit dem Püree zum Fleisch reichen.

Das Schweinenetz brät im Ofen fast vollständig aus und ist überdies nahezu geschmacksneutral – eine ideale natürliche Hülle, um Schinken und Braten zusammenzuhalten. Man erhält das Schweinenetz auf Vorbestellung beim Fleischer.

Geschmorte Kalbsnuß

IN EINER DELIKATEN WEISSWEINSAUCE – EIN KLASSIKER DER BÜRGERLICHEN FRANZÖSISCHEN KÜCHE.

Nur scheinbar hat die »nouvelle cuisine« die großen Braten von den Speiseplänen verdrängt. Nicht nur die französische Hausfrau bringt an den Festtagen weiterhin »un beau rôti« auf den Tisch, auch in den Restaurants besinnt man sich wieder auf die traditionellen Gerichte. Maßgeblichen Anteil am Gelingen dieses Schmorbratens hat der Wein, denn Kalbfleisch verlangt nach einer intensiven geschmacklichen Verstärkung. In diesem Fall ist ein weißer Burgunder mit dem ausgeprägten Aroma der Chardonnay-Traube genau das Richtige. Ob man allerdings so weit gehen muß, einen der berühmten Weine aus der Grand-Cru-Lage Montrachet zu wählen, sei dahingestellt – ganz sicher ist er aber die passende Begleitung zum fertigen Gericht.

1,2 kg Kalbsnuß
Salz, frisch gemahlener weißer Pfeffer
500 g Schalotten, 100 g Butter
1 EL edelsüßes Paprikapulver
5 Salbeiblätter
1 Zweig Bohnenkraut
200 ml Weißwein, 1/8 l Kalbsfond
Für den Olivenreis:
300 g Rundkornreis
80 g schwarze Oliven, 80 g grüne Oliven
2 Knoblauchzehen, 1 grüne Peperoni
3 EL Olivenöl
Salz, frisch gemahlener weißer Pfeffer
Für die Mehlbutter:
5 g Mehl, 10 g Butter

Bei der Frage: »Welcher Wein zum Kochen?« scheiden sich die Geister. Für die einen muß es unabdingbar der gleiche sein, der auch zum Essen getrunken wird; die anderen begnügen sich zum Kochen mit einer etwas einfacheren Qualität.

1. Das Fleisch mit Salz und Pfeffer einreiben. Die Schalotten schälen. In einem großen, feuerfesten Schmortopf die Butter zerlassen und das Fleisch darin von allen Seiten kurz anbraten. Die Schalotten zufügen, glasig anschwitzen. Paprikapulver einstreuen und gut unterrühren. Salbeiblätter sowie Bohnenkraut einlegen und den Weißwein angießen. Den Topf vom Herd stellen.

2. Das Fleisch zugedeckt bei 180 °C im vorgeheizten Ofen 1 Stunde schmoren, dabei zwischendurch immer wieder mit Bratfond begießen. Nach 1 Stunde Garzeit den Kalbsfond angießen und den Braten weitere 30 Minuten schmoren.

3. In der Zwischenzeit den Olivenreis zubereiten. Den Reis in kochendem Salzwasser etwa 15 Minuten garen, abgießen und beiseite stellen. Jeweils die Hälfte der schwarzen und grünen Oliven entsteinen. Den Knoblauch schälen. Von der Peperoni Samen und Scheidewände entfernen. Entsteinte Oliven, Knoblauch und Peperoni fein hacken.

4. In einer Pfanne das Öl erhitzen und die gehackten Zutaten darin 2 bis 3 Minuten anschwitzen, ohne sie Farbe nehmen zu lassen. Den gekochten Reis zufügen, alles gut vermengen, mit Salz und Pfeffer würzen.

5. Den Braten sowie die Schalotten aus dem Topf nehmen, warmstellen. Für die Sauce die Schmorflüssigkeit bei starker Hitze um 1/3 reduzieren. Das Mehl unter die weiche Butter arbeiten und die Mehlbutter flöckchenweise mit dem Schneebesen in die Sauce rühren. Salzen und pfeffern.

6. Den Olivenreis nochmals erwärmen, die restlichen ganzen Oliven untermischen. Den Braten in Scheiben schneiden, mit den Schalotten auf einer vorgewärmten Platte anrichten. Mit etwas Sauce überziehen und die restliche Sauce sowie den Olivenreis separat dazu reichen.

Lammkoteletts mit Ratatouille

GEWÜRZT MIT DEN AROMEN DES SÜDENS –
MEDITERRANE KÜCHE IN REINKULTUR.

Zarte, blaßblaue Blüten bilden einen überraschenden Kontrast zu den stacheligen Nadeln des Rosmarin-Strauches, der im sonnigen, trockenen Mittelmeerraum überall auch wild wächst. Dieser zeichnet sich gegenüber den kultivierten Sorten durch einen besonders kräftigen Geschmack aus.

In der Provence gedeihen die Zutaten für dieses Gericht direkt vor der Haustür: Gemüse, Knoblauch und Kräuter ebenso wie Oliven für das Öl. Die Koteletts stammen von heimischen Schafen, die auf den Weiden genug Kräuter finden; man könnte meinen, sie würden damit ihr Fleisch schon aromatisieren.

8 doppelte Lammkoteletts (je etwa 80 g)
Für die Marinade:
2 Frühlingszwiebeln, 3 Knoblauchzehen
3 bis 4 rote Chilischoten
6 EL Olivenöl, 3 EL Zitronensaft
abgeriebene Schale von 1/2 unbehandelten Zitrone
1 Lorbeerblatt, 1 EL Rosmarin, 1 EL Thymian
Salz, grob zerstoßener schwarzer Pfeffer
Für die Ratatouille:
200 g Auberginen, 200 g Zucchini
je 150 g gelbe, rote und grüne Paprikaschoten
200 g Tomaten, 100 g Zwiebeln, 1 Knoblauchzehe
3 EL Olivenöl, Salz, Pfeffer, 100 ml Gemüsefond
1 EL gehackte Kräuter (Petersilie, Thymian, Rosmarin)

Die Fleischscheiben sollten einige Stunden in der Marinade ziehen, damit sie die Aromafülle der Kräuter und Gewürze gut aufnehmen können.

Ratatouille, das gemischte geschmorte Gemüse, paßt mit seiner leicht sämigen Konsistenz ideal zu kurzgebratenem Fleisch, das ohne eigene Sauce auskommen muß.

1. Für die Marinade die Frühlingszwiebeln putzen, waschen und in 10 cm lange Stücke schneiden. Den Knoblauch schälen und fein hacken. Die Chilischoten waschen. In einer entsprechend großen Form das Öl mit dem Zitronensaft, der Zitronenschale, den Kräutern und den Gewürzen verrühren. Die Koteletts, die Frühlingszwiebeln, den Knoblauch und die Chilischoten einlegen. Zudecken und das Fleisch 3 bis 4 Stunden im Kühlschrank marinieren lassen.

2. Für die Ratatouille von Auberginen und Zucchini die Blüten- und Stielansätze entfernen. Die Auberginen der Länge nach vierteln und in Scheiben schneiden. Die Zucchini in Scheiben schneiden. Die Paprikaschoten vierteln, Samen und Scheidewände entfernen und das Fruchtfleisch in Streifen schneiden. Die Tomaten blanchieren, häuten, Stielansatz und Samen entfernen und das Fruchtfleisch in Stücke schneiden. Zwiebeln und Knoblauch schälen, die Zwiebel grob, den Knoblauch fein hacken.

3. Das Öl in einer Pfanne erhitzen und darin Zwiebel und Knoblauch anbraten. Alle Gemüsearten darin andünsten. Salzen, pfeffern und mit dem Gemüsefond ablöschen. Die Kräuter untermischen. Die Hitze reduzieren und das Gemüse in etwa 8 Minuten garen.

4. Für das Fleisch eine Pfanne erhitzen und die marinierten Koteletts darin von jeder Seite kurz braten. Das Gemüse aus der Marinade zugeben und kurz mitbraten. Alles zusammen servieren.

Rouladen mit Kalbsbriesfüllung

ALS BEILAGE EIN RISOTTO, MIT JUNGEN ERBSEN UND ZARTEN ZUCKERSCHOTEN.

Das von Feinschmeckern geschätzte »ris de veau« oder Kalbsbries – eine Wachstumsdrüse des Kalbes, die sich später zurückbildet – hat in der französischen Küche seinen festen Platz. Es bedarf jedoch einer gewissen Vorbereitung, ehe man es garen kann. Damit das Bries schön weiß wird, muß es 2 Stunden unter fließendem kaltem Wasser gewässert und zudem sorgfältig von allen Häutchen und Blutresten befreit werden. Doch die Mühe lohnt, denn das kalorienarme, angenehm zarte Fleisch entwickelt einen ganz speziellen, feinen Geschmack.

8 Kalbsschnitzel aus der Oberschale (je etwa 60 g)
8 dünne Scheiben roh geräucherter Schinken (40 g)
8 glatte Petersilienblätter, Salz, Pfeffer

Roher Schinken, in hauchdünnen Scheiben zwischen Kalbfleisch und Füllung, gibt dem Gericht eine zusätzliche, kräftige Nuance.

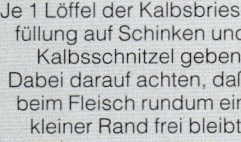

Die Kalbsschnitzel einzeln zwischen Klarsichtfolie plattieren, das heißt mit dem Plattiereisen oder der flachen Seite des Fleischklopfers flachklopfen.

Je eine Schinkenscheibe mittig auf die Schnitzel legen. Jeweils am Ende mit einem Petersilienblatt belegen und mit Salz und Pfeffer aus der Mühle würzen.

Die Längsseiten der belegten Kalbsschnitzel vorsichtig etwas einschlagen und das Fleisch gleichmäßig zu Roulaen aufrollen.

Die Enden jeweils mit einem Zahnstocher feststecken. Beim Servieren kommt diese Seite der Rouladen dann nach unten.

Je 1 Löffel der Kalbsbriesfüllung auf Schinken und Kalbsschnitzel geben. Dabei darauf achten, daß beim Fleisch rundum ein kleiner Rand frei bleibt.

Die Rouladen in Butter und Öl rundum anbraten. Wein und Fond angießen, zudecken und bei geringer Hitze 30 bis 35 Minuten schmoren.

Für die Füllung:
200 g Kalbsbries, 100 g Kalbsbrät, 40 ml Sahne
2 EL gehackte Kräuter, Salz, frisch gemahlener Pfeffer
Außerdem:
20 g Butter, 3 EL Pflanzenöl
100 ml Weißwein, 150 ml Kalbsfond
Für den Erbsenrisotto:
20 g Schalotten, 1/4 Knoblauchzehe, 30 g Butter
200 g Arborio-Reis, 1 Prise Salz, 160 ml Weißwein
700 ml Gemüsefond
250 g Erbsen in der Schote (ausgepalt 100 g)
50 g Zuckerschoten

Für die Füllung das Kalbsbries unter stetig fließendem kaltem Wasser 2 Stunden wässern, von Haut und Blutresten sorgfältig befreien und sehr klein würfeln. Das Bries mit dem Brät, der Sahne und den Kräutern (Majoran, Schnittlauch, Petersilie) vermischen, salzen und pfeffern. Die Rouladen zubereiten, wie links gezeigt. Für den Risotto die Schalotten und den Knoblauch schälen und fein

würfeln. In einem Topf die Butter zerlassen und Schalotte und Knoblauch darin glasig schwitzen. Den Reis auf einmal zufügen und bei starker Hitze unter sofortigem Rühren mitschwitzen. Ständig in Bewegung halten, bis der Reis glasig ist, weder Schalotten noch Reis dürfen braun werden. Salzen und mit dem Weißwein ablöschen. Die Flüssigkeit im offenen Topf auf die Hälfte reduzieren. Den Risotto unter mehrmaligem Rühren etwa 15 Minuten im offenen Topf köcheln lassen, dabei nach und nach so viel Gemüsefond zugießen, daß der Reis immer gerade mit Flüssigkeit bedeckt ist. Die Erbsen auspalen und in sprudelnd kochendem Salzwasser blanchieren, in Eiswasser abschrecken und abtropfen lassen. Die Zuckerschoten putzen und quer in 5 mm breite Streifen schneiden. Erbsen und Zuckerschoten während der letzten 5 Minuten der Kochzeit zum Risotto geben. Die Rouladen aus der Sauce nehmen und diese noch etwas einkochen lassen. Alles zusammen auf vorgewärmten Tellern anrichten.

In Spezialöfen werden die gebrühten Würste geräuchert. Dadurch bekommen sie nicht nur mehr Geschmack, sie sind auch länger haltbar.

Sauerkraut nach Elsässer Art

HERZHAFT UND DEFTIG, WIE ES DIE BEWOHNER DER GRENZREGION ZWISCHEN FRANKREICH UND DEUTSCHLAND LIEBEN.

»Choucroute garnie« heißt diese elsässische Spezialität vor Ort, wobei in Umkehrung des Begriffs eher die Garnitur, die Fleischbeigabe, im Vordergrund steht: reichlich Brühwürste, Geräuchertes vom Schwein oder Eisbein – die Zusammenstellung folgt keiner festen Regel, sondern richtet sich nach dem Angebot beim Metzger. Fehlen darf keinesfalls der Wein im Kraut; im Elsaß nimmt man dafür selbstverständlich einen heimischen Riesling, der dann auch zum Essen gereicht wird.

Für 6 Portionen
Für das Sauerkraut:
100 g Zwiebeln, 1 Knoblauchzehe
150 g säuerliche Äpfel
80 g Schweineschmalz
1 kg Sauerkraut, 2 Lorbeerblätter
6 Wacholderbeeren, 2 Gewürznelken
200 ml Weißwein aus dem Elsaß
1/4 l Fleischbrühe oder Wasser
300 g roh geräucherter durchwachsener Bauchspeck
600 g geräucherte Schweineschulter ohne Knochen
Salz, frisch gemahlener Pfeffer, 1 Prise Zucker
Für die Fleischbeigabe:
4 Boudins (Blutwürste), 4 Knacks
4 Straßburger Würstchen, 300 g Cervelas

1. Für das Sauerkraut die Zwiebeln schälen, halbieren und in Scheiben schneiden. Den Knoblauch schälen und fein hacken. Die Äpfel schälen, vierteln, die Kerngehäuse entfernen und das Fruchtfleisch in feine Scheiben schneiden.

2. Das Schmalz in einem entsprechend großen Topf erhitzen und die Zwiebeln, den Knoblauch und die Äpfel darin hell anschwitzen.

3. Das Sauerkraut zugeben und 5 Minuten anbraten, dabei mit einer Gabel auflockern. Lorbeerblätter, Wacholderbeeren und Gewürznelken einlegen. Den Wein, Brühe oder Wasser zugießen. Den Bauchspeck und die Schweineschulter einlegen. Den Topf mit einem Deckel schließen und alles 1 1/2 bis 2 Stunden garen. Bei Bedarf noch etwas Wasser zugießen.

4. In einem separaten Topf leicht gesalzenes Wasser erhitzen und die Würste darin unter dem Siedepunkt erwärmen.

5. Den Speck und das Fleisch aus dem Sauerkraut nehmen und in Scheiben schneiden. Das Kraut mit Salz, Pfeffer und Zucker abschmecken. In einer Schüssel oder auf einer Platte anrichten und mit den Würsten belegen. Das Fleisch separat dazu servieren. Als Beilage passen Salzkartoffeln.

Handwerk im wahrsten Sinne des Wortes ist die Wurstherstellung nach wie vor in den kleinen Metzgereien, etwa im Betrieb von Herrn Haubensack in Sélestat, wo die Würste noch von Hand abgebunden werden.

Pittoreske Dörfer sind ganz typisch für das Elsaß, wo sowohl in der Architektur als auch in der Regionalküche die Einflüsse von »outre-Rhin«, von der deutschen Seite jenseits des Rheins, noch überall zu finden sind.

Baeckeoffe

EIN GEHALTVOLLER FLEISCH-KARTOFFEL-EINTOPF, MIT VIEL RIESLING ZUBEREITET.

Dem Steinbackofen, in dem das Brot gebacken wurde, verdankt dieses Gericht seinen Namen. Gleichzeitig ist es ein gewitztes Beispiel dafür, wie sparsam man früher, lange bevor von Energiekrise die Rede war, gewirtschaftet hat: Zum Garen des Eintopfs nutzte man die Resthitze aus, welche die großen Backöfen noch ausstrahlten, als das Brot schon längst fertig war.

Für 6 Portionen
500 g Schweineschulter ohne Knochen
500 g Rinderbrust
1 Lammschulter ohne Knochen (etwa 800 g)
2 Schweinefüße (etwa 400 g), in Scheiben von 2 cm
Für die Marinade:
250 g Zwiebeln, 2 Knoblauchzehen
1 Lorbeerblatt, 3 Zweige Thymian
1 Flasche trockener Riesling (700 ml)

Hermetisch abgedichtet wird der Topf mit einem Teig aus Wasser und Mehl, der zwischen Topfrand und Deckel gelegt wird. So schmort der »Baeckeoffe« während mehrerer Stunden leise vor sich hin, während die Zutaten die Aromen von Wein und Gewürzen aufnehmen. Vor dem Servieren mit Petersilie bestreuen.

Für das Gemüse:

150 g Lauch, 200 g Möhren

1 kg festkochende Kartoffeln, Salz, Pfeffer

Außerdem:

Mehl und Wasser, 2 EL gehackte Petersilie

1. Die Schweineschulter, die Rinderbrust und die Lammschulter in etwa 3 cm große Würfel schneiden. Die Zwiebeln und den Knoblauch schälen und halbieren, die Zwiebeln in Ringe schneiden. Die Fleischwürfel, die Zwiebeln und den Knoblauch in eine Schüssel geben. Das Lorbeerblatt und die Thymianzweige einlegen und den Wein zugießen, es sollte alles bedeckt sein. Zudecken und über Nacht im Kühlschrank marinieren.

2. Das Gemüse putzen beziehungsweise schälen. Lauch und Möhren in etwa 1,5 cm große Stücke, die Kartoffeln in 1,5 cm große Würfel schneiden.

3. Die Schweinefußscheiben in eine feuerfeste Form legen. Fleisch, Zwiebeln und Knoblauch aus der Marinade nehmen und abwechselnd mit dem Gemüse einschichten, dabei jede Schicht salzen und pfeffern. Die Marinade und bei Bedarf etwas Wein zugießen, bis alles bedeckt ist.

4. Aus Mehl und Wasser einen festen Teig kneten, den Formrand damit auslegen. Den Deckel aufsetzen und fest andrücken. Das Gericht bei 170 °C im vorgeheizten Ofen etwa 3 Stunden garen.

Braunes Kalbsragout mit Morcheln

SERVIERT MIT FRISCHEM SPARGEL – EIN GENUSS FÜR BESONDERE ANLÄSSE.

Morcheln zählen nach Einschätzung vieler Gourmets neben Trüffeln zu den beliebtesten Edelpilzen. Ihr überaus angenehm würziger Geschmack läßt Pilzsammler ihren Standort wie ein kostbares Geheimnis hüten. Der große Vorteil der Morcheln ist, daß sie sich gut trocknen lassen und damit saisonunabhängig verwendbar sind.

Für das Ragout:
600 ml Kalbsfond
1 kg Kalbfleisch aus der Oberschale
250 g Schalotten, 4 EL Pflanzenöl
1 EL Tomatenmark (20 g)
Salz, frisch gemahlener weißer Pfeffer
1/4 l Weißwein, 1/2 TL Speisestärke

Morcheln und Spargel haben zusammen Saison. Der Frühling ist die richtige Zeit, um herauszufinden, wie gut beides geschmacklich mit dem Kalbfleisch harmoniert.

Für den Spargel:
600 g weißer Spargel
Salz, etwas Zitronensaft, etwas Zucker

Für die Morcheln:
40 g Schalotten, 120 g kleine Morcheln
40 g Butter, 4 cl Sherry fino, 50 ml Sahne
Salz, frisch gemahlener weißer Pfeffer
1 Spritzer Zitronensaft

Außerdem:
4 Blüten der Kapuzinerkresse

1. Den Kalbsfond bei starker Hitze auf 400 ml reduzieren. Das Fleisch in etwa 2 cm große Würfel schneiden. Die Schalotten schälen und fein hacken. Das Öl in einer Pfanne erhitzen und das Fleisch darin rundum kräftig anbraten. Die Schalotten kurz

mitbraten. Das Tomatenmark untermischen und alles unter ständigem Rühren weitere 4 bis 5 Minuten braten. Salzen und pfeffern. Den Wein zugießen und unter Rühren ganz einkochen lassen. Den Fond angießen und das Ragout bei reduzierter Hitze etwa 20 Minuten köcheln lassen.

2. Vom Spargel das untere Ende abschneiden und die Stangen mit einem scharfen Messer oder einem Sparschäler von oben nach unten schälen. Dabei dicht unter dem Kopf ansetzen und nach unten hin dicker schälen. Den Spargel zu 4 Bündeln zusammenbinden. In einem entsprechend großen Topf genügend Wasser mit Salz, Zitronensaft und Zucker aufkochen. Den Spargel darin 10 bis 12 Minuten kochen. Herausheben, abtropfen lassen und aufschnüren.

3. Für die Morcheln die Schalotten schälen und ganz fein hacken. Die Morcheln sehr gründlich waschen und abtropfen lassen. Die Butter in einer Pfanne erhitzen und die Schalotten darin farblos anschwitzen. Die Morcheln 1 bis 2 Minuten mitbraten. Mit dem Sherry ablöschen. Etwa ein Viertel des Ragoutfonds zu den Morcheln geben. Die Sahne zugießen und 1 Minute köcheln lassen. Mit Salz, Pfeffer und Zitronensaft abschmecken.

4. Den restlichen Fond mit der in wenig Wasser angerührten Speisestärke zu einer sämigen Sauce binden, abschmecken, einmal aufkochen lassen.

5. Den Spargel auf Teller verteilen, mit den Morcheln, dem Kalbsragout und etwas Sauce anrichten und mit Kapuzinerkresseblüten garnieren.

Provenzalisches Schmorfleisch

IN EINER LEICHT SÄUERLICHEN ROTWEINSAUCE, MIT ORANGENSCHALE GESCHMACKLICH VERFEINERT.

Das Besondere an diesem Rindfleischragout sind die mitgekochten Schweinefüße, die mit ihrem hohen Anteil an Gelierstoffen für die entsprechende Bindung des Gerichts sorgen, vor allem, wenn es, wie in der Provence üblich, im Sommer kalt im eigenen Gelee serviert wird.

Für 6 Portionen
1,5 kg Rindfleisch aus dem Schulterblatt
6 Knoblauchzehen, 80 ml Estragonessig
4 frische Lorbeerblätter
Salz, frisch gemahlener schwarzer Pfeffer
2 EL gehackte Petersilie, 650 g Schweinefüße
100 g grüner Speck, 100 g Zwiebeln
200 g Möhren, 3/4 l Rotwein
Streifen von 1/2 unbehandelten Orange
Außerdem:
1 EL gehackte Petersilie

Das Rindfleisch in 4 cm große Würfel schneiden. Den Knoblauch schälen und halbieren. Weiterverfahren, wie beim ersten Bild beschrieben. Das eingelegte Fleisch mit Folie abdecken und über Nacht im Kühlschrank marinieren lassen. Am nächsten Tag das Fleisch aus der Marinade nehmen und gut abtropfen lassen. Die Schweinefüße in Stücke schneiden, in kochendem Salzwasser etwa 5 Minuten blanchieren, herausnehmen und abtropfen lassen. Den Speck in kleine Würfel schneiden. Die Zwiebeln schälen und in Scheiben schneiden. Die Möhren schälen und in 5 cm lange Stifte schneiden. Weiterverfahren, wie gezeigt. Den mit Rotwein abgelöschten Bratsatz über das Fleisch gießen. Mit Orangenschalen bestreuen. Den Schmortopf schließen. Das Fleisch im vorgeheizten Ofen bei 190 °C 2 1/2 bis 3 Stunden schmoren, dabei gelegentlich umrühren. Das Schweinefleisch von den Knochen lösen und mit dem Rindfleisch anrichten. Mit der Sauce begießen und mit Reis servieren. Mit gehackter Petersilie garnieren.

Den Essig in eine Form gießen. Das Fleisch, den Knoblauch und die Lorbeerblätter untermischen. Salzen und pfeffern. Mit Petersilie bestreuen.

Den Speck in einer Pfanne auslassen. Das abgetropfte Fleisch darin rundum kräftig anbraten. Hat es gut Farbe genommen, herausnehmen und zur Seite stellen.

Die in Scheiben geschnittenen Zwiebeln in die Pfanne geben und bei mittlerer Hitze in dem Bratsatz gleichmäßig hellbraun anbraten.

Die Marinade unter die Zwiebeln rühren. Die Schweinefüße darin 10 Minuten köcheln lassen, bis die Flüssigkeit fast verdampft ist.

Die Schweinefüße mit den Zwiebeln in einen Schmortopf geben. Darauf das angebratene Fleisch und die Möhrenstifte verteilen.

Den Bratsatz in der Pfanne mit dem Rotwein ablöschen und unter ständigem Rühren mit einem Schneebesen vom Boden lösen.

Brochettes de ris de veau

ZARTES KALBSBRIES AM SPIESS, SERVIERT MIT LEICHTEM ERBSENGEMÜSE.

Kalbsbries zählt zu den begehrtesten Innereien. Anatomisch betrachtet ist es die Thymusdrüse des jungen Rindes, verantwortlich für die Regelung des Wachstums und die Förderung der Knochenbildung. Bries ist leicht verdaulich, vitaminreich und äußerst wohlschmeckend. In Frankreich wird es gern auch am Spieß zubereitet. Das Erbsengemüse, das hier als Beilage vorgeschlagen wird, kann entweder mit erntefrischen oder tiefgekühlten Erbsen zubereitet werden, denn beide behalten, nur kurz gekocht, ihre schöne, grüne Farbe.

Für die Spießchen:
400 g Kalbsbries
80 g roher Räucherspeck, in dünnen Scheiben
Salz, frisch gemahlener weißer Pfeffer
5 EL Pflanzenöl
3 EL gehackte Petersilie
100 g Weißbrot vom Vortag, grob gerieben
50 g Butter

Das zarte Aroma frischer Erbsen paßt ausgezeichnet zu den sanft in Butter gebratenen, von einer Schicht knuspriger Brösel umhüllten Kalbsbries-Spießchen.

Für die Erbsen:
1 kg Erbsen in der Schote (ausgepalt 300 g)
80 g roher Räucherspeck, in dünnen Scheiben
150 g Zwiebeln, 50 g Butter
50 ml Weißwein
Salz, frisch gemahlener weißer Pfeffer
1 Prise Zucker, 50 ml Gemüsefond

1. Das Bries in eine Schüssel legen und unter fließendem kaltem Wasser mindestens 2 Stunden wässern, dann vollständig von Haut- und Blutresten befreien. Das Bries in nicht zu stark kochendem, leicht gesalzenem Wasser 3 Minuten blanchieren. Herausnehmen, gut abtropfen lassen und in etwa 3 cm große Stücke teilen.

2. Die Speckscheiben quer in 4 Stücke teilen. Bries und Speck abwechselnd auf Holzspieße stecken. Salzen und pfeffern. Das Öl mit der Petersilie verrühren und die Spieße damit rundum bepinseln. Die Weißbrotbrösel auf einen Teller verteilen und die Spieße darin wenden.

3. Die Erbsen auspalen, in sprudelnd kochendem Salzwasser 5 Minuten kochen, abseihen, in Eiswasser abschrecken und gut abtropfen lassen. Die Speckscheiben quer in schmale Streifen schneiden. Die Zwiebeln schälen und in dünne Ringe schneiden. In einer Kasserolle die Butter zerlassen und den Speck darin hell anbraten. Zwiebelringe zufügen und glasig anschwitzen. Den Wein

zugießen und mit Salz, Pfeffer und Zucker würzen. Die Zwiebelringe 4 bis 5 Minuten bei mittlerer Hitze dünsten. Die gut abgetropften Erbsen untermischen, den Gemüsefond angießen, alles weitere 5 Minuten garen und abschmecken.

4. Die Spieße braten, dafür in einer entsprechend großen Pfanne die Butter zerlassen und die vorbereiteten Spieße bei nicht zu starker Hitze darin 10 bis 12 Minuten unter mehrmaligem Wenden braten. Herausnehmen, mit dem Erbsengemüse auf Tellern anrichten und servieren.

Glückliche Kühe:
Appetit durch Bier macht ein Züchter aus dem Périgord seinen Kobe-Rindern. Neben streßfreien Aufzuchtmethoden und gutem Futter sorgt der Gerstensaft für gesundes, hochwertiges Muskelfleisch.

Roastbeef mit Pilzkruste

EINE HARMONISCHE KOMBINATION: BESTES RINDFLEISCH MIT DREI SORTEN PILZEN.

Ein Stück frisches Weißbrot und ein kraftvoller französischer Rotwein - mehr Begleitung braucht dieses verlockende Gericht nicht. Vorausgesetzt, man verwendet Fleisch von Spitzenqualität, wie zum Beispiel vom Charolais- oder Limousin-Rind. Ausgetüftelte Ernährungspläne, vor allem aber eine artgerechte Haltung erbringen bei diesen Tieren Fleisch von höchster Güte. Die französischen Verbraucher, naturgemäß sehr kritisch, achten auf eine gleichmäßige Marmorierung des Fleisches als Voraussetzung für Geschmack und Zartheit. Und sie sind bereit, einen stolzen, aber angemessenen Preis für ihre Entrecôtes zu zahlen. Europa sei Dank können heute auch die Feinschmecker der Anrainer-Staaten auf französisches Spitzenfleisch zurückgreifen.

4 Entrecôtes (von je etwa 250 g)
Salz, frisch gemahlener schwarzer Pfeffer
3 EL Pflanzenöl, 50 g Butter
Für die Pilzkruste:
80 g Schalotten
40 g frische Morcheln
60 g Shiitake-Pilze
100 g Steinchampignons
50 g Butter
Salz, frisch gemahlener schwarzer Pfeffer
1 Knoblauchzehe
40 g Weißbrot vom Vortrag
1 EL gehackte Petersilie und Thymian
Außerdem:
40 g frisch geriebener Comté zum Bestreuen

Gratiniert mit geriebenem Comté bekommt die Pilzmasse eine leichte Kruste. Thymian und Petersilie unterstreichen dabei den feinen Geschmack der drei Pilzsorten.

1. Zunächst die Zutaten für die Pilzkruste vorbereiten. Die Schalotten schälen und fein hacken. Morcheln gründlich waschen und gut abtropfen lassen. Die Stiele etwas kürzen, die Pilze halbieren und in Streifen schneiden. Von den Shiitake-Pilzen die harten Stiele entfernen und die Hüte in Scheiben schneiden. Die Champignons putzen, halbieren, ebenfalls in Scheiben schneiden.

2. In einer Pfanne 20 g Butter zerlassen und die Schalottenwürfel darin farblos anschwitzen. Die Pilze 1 Minute mitbraten. Salzen und pfeffern. Vom Herd nehmen, die Masse in eine Schüssel umfüllen und etwas erkalten lassen.

3. Die Knoblauchzehe schälen und halbieren. Das Weißbrot klein würfeln. Die restliche Butter in einer Pfanne zerlassen und den Knoblauch sowie die Weißbrotwürfel darin goldbraun anbraten. Beides zusammen mit den gehackten Kräutern unter die etwas ausgekühlte Pilzmasse mischen und alles gut vermengen.

4. Die Entrecôtes auf beiden Seiten salzen und pfeffern. In einer entsprechend großen Pfanne das Öl erhitzen und die Entrecôtes von jeder Seite 1 Minute anbraten. Das Öl abgießen, die Butter zufügen und das Fleisch noch 1 Minute von jeder Seite weiterbraten, vom Herd stellen.

5. Die angebratenen Fleischscheiben in eine feuerfeste Form einlegen und die Pilzmasse gleichmäßig darauf verteilen. Mit dem geriebenen Käse bestreuen und die Entrecôtes bei 180 °C im vorgeheizten Ofen 8 bis 10 Minuten überbacken. Die Backzeit richtet sich hierbei nach der gewünschten Garstufe des Fleisches.

6. Die Form aus dem Ofen nehmen und die Entrecôtes auf vorgewärmten Tellern anrichten, mit dem Bratensaft beträufeln und servieren.

Kalbsrücken mit Kräuterkruste

SAFTIGER, AROMATISCHER BRATEN, ZU DEM ALS BEILAGE
RATATOUILLE UND SALZKARTOFFELN GEREICHT WERDEN KÖNNEN.

Um das Fleisch vor dem Verzehr besser portionieren zu können, empfiehlt es sich, ein schönes Rückenstück mit 4 aneinanderhängenden Koteletts zu kaufen. Die Kräutermischung sollte aus Basilikum, Salbei, Liebstöckel, Rosmarin und Thymian bestehen .

1,2 kg Kalbsrücken mit Knochen
Salz, frisch gemahlener weißer Pfeffer
150 g Zwiebeln, 2 Knoblauchzehen
2 EL Öl, 400 ml Kalbsfond, 1/2 TL Speisestärke
Für die Kräuterkruste:
1/2 Knoblauchzehe, 2 EL gehackte Petersilie
2 EL gehackte Kräutermischung, 20 g Parmesan
100 g weiche Butter, Salz
frisch gemahlener weißer Pfeffer, 60 g Semmelbrösel

1. Den Kalbsrücken parieren, die Fettseite kreuzweise einschneiden und das Fleisch rundum mit Salz und Pfeffer einreiben. Die Zwiebeln und den Knoblauch schälen und klein schneiden.

2. Das Öl in einem Bräter erhitzen und das Fleisch auf der Fettseite darin hellbraun anbraten, zuletzt den Braten mit den Knochen nach oben drehen. Die Zwiebeln und den Knoblauch zugeben. Den Bräter bei 200 °C in den vorgeheizten Ofen schieben und das Fleisch 50 Minuten braten. Zwischendurch immer wieder etwas Fond, bei Bedarf zusätzlich Wasser angießen

3. Für die Kräuterkruste den Knoblauch schälen, zerdrücken. Alle Kräuter, Käse, Butter, Salz, Pfeffer und Semmelbrösel miteinander vermengen.

4. Den Kalbsrücken auf der Oberseite dick mit der Kräuterpaste einstreichen und bei starker Oberhitze in etwa 5 Minuten knusprig überbacken. Aus dem Bräter nehmen, mit Alufolie abdecken und 5 bis 10 Minuten ruhen lassen.

5. Inzwischen den Bratenfond mit der Speisestärke binden. Die Sauce abschmecken. Den Kalbsrücken vom Knochen lösen, in Scheiben schneiden und auf vorgewärmten Tellern anrichten. Den ausgetretenen Fleischsaft in die Sauce rühren und diese zum Fleisch geben.

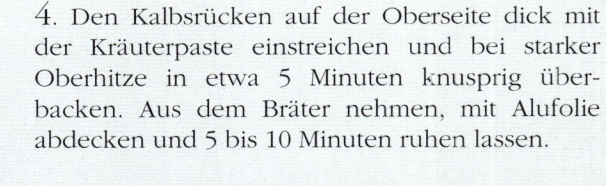

Kalbsragout mit Kartoffelschnee

EIN FLEISCHGERICHT AUS DER ALLTAGSKÜCHE, DAS IMMER WIEDER GUT MUNDET.

In der französischen Küche versteht man es, aus etwas so Profanem wie dem Erdapfel eine äußerst delikate und zartschmelzende Beilage zu zaubern: den Kartoffelschnee.

800 g Kalbfleisch (etwa aus der Schulter)
Für die Marinade:
80 g Zwiebeln, 1 Zweig Rosmarin
2 Stengel Blattsellerie
2 Zweige Thymian
3/8 l trockener Weißwein
Für das Ragout:
100 g Zwiebel, 1 Nelke
60 g Butter, 20 g Mehl, Salz
1 Kräuterbündel
100 g Crème fraîche
200 g Möhren
400 g Erbsen in der Schote (150 g netto)
Saft von 1/2 Zitrone, frisch gemahlener Pfeffer

Bodenständig und wohlschmeckend ist dieses Kalbfleisch nach Elsässer Art, zubereitet mit trockenem Weißwein.

Für den Kartoffelschnee:
600 g mehligkochende Kartoffeln, 4 Butterlocken

1. Das Fleisch in etwa 2 cm große Würfel schneiden. Die Zwiebeln schälen und vierteln. Zusammen mit den Kräutern in eine Schüssel legen. Den Wein angießen, zudecken und das Fleisch 2 Stunden im Kühlschrank marinieren.

So luftig, leicht und locker ist der Kartoffelschnee nur, wenn er direkt auf die Teller gepreßt und sofort serviert wird.

2. Das Fleisch aus der Marinade nehmen und sehr gut abtropfen lassen. Die Marinade durch ein feines Sieb gießen und bis zur Weiterverwendung beiseite stellen.

3. Die Zwiebel schälen und mit der Nelke spicken. In einem Topf 40 g Butter zerlassen und das Fleisch darin anbraten, bis es Farbe genommen hat. Das Mehl darüberstauben und unterrühren. Die abgeseihte Marinade angießen, salzen, das Kräuterbündel (4 Stengel Petersilie, 1 Zweig Thymian und 1 Lorbeerblatt) und die mit der Nelke gespickte Zwiebel einlegen. Zum Kochen bringen, die Hitze reduzieren, zudecken und 15 bis 20 Minuten köcheln lassen. Kurz vor Ende der Garzeit die Crème fraîche einrühren.

4. Die Möhren schälen und in Scheiben schneiden. Die Erbsen auspalen. In einem Topf leicht gesalzenes Wasser aufkochen und die Möhren darin 5 Minuten köcheln lassen. Die Erbsen 3 Minuten mitköcheln. Abseihen und abtropfen lassen. Die restliche Butter in einer Pfanne zerlassen und das Gemüse kurz darin schwenken. Zum Fleisch geben. Das Ragout mit Zitronensaft und Pfeffer abschmecken.

5. Inzwischen die Kartoffeln schälen und grob würfeln. In Salzwasser 20 Minuten kochen, abseihen und gut ausdampfen lassen. Die Kartoffeln durch die Kartoffelpresse direkt auf 4 vorgewärmte Teller pressen und mit je einer Butterlocke (von je 5 g) belegen. Mit dem Ragout servieren.

Lammkoteletts mit provenzalischem Gemüse

CREPINETTES MIT RATATOUILLE – RAFFINIERT ZUSAMMENGEHALTEN DURCH EIN NATÜRLICHES GEWEBE: DAS SCHWEINENETZ.

8 Lammkoteletts mit verlängerten Rippenknochen
Salz, frisch gemahlener schwarzer Pfeffer
8 Schweinenetze (20 x 20 cm), 4 EL Pflanzenöl
Für die Ratatouille:
125 g Auberginen, Salz, 125 g Zucchini
120 g rote und 100 g grüne Paprikaschoten
80 g Zwiebeln, 1 Knoblauchzehe, 250 g Tomaten
5 EL Olivenöl, 1 Prise Zucker, 1 EL gehackte Petersilie
1 TL Thymian, 1 TL Basilikum, in Streifen
Für die Sahnekartoffeln:
500 g festkochende Kartoffeln, 25 g Butter
30 g Zwiebelwürfel, 10 g Mehl, 1/4 l Sahne
Salz, Pfeffer, geriebene Muskatnuß, 1 Lorbeerblatt

Für die Ratatouille das Gemüse putzen. Die Auberginen in 12 mm dicke Scheiben schneiden, salzen, 30 Minuten ziehen und abtropfen lassen. Auberginen und Zucchini in Würfel, Paprika in dünne Streifen schneiden. Zwiebeln und Knoblauch fein hacken. Die Tomaten häuten und klein würfeln. 3 EL Öl in einer Pfanne erhitzen, die Auberginen anbraten, herausnehmen und abtropfen lassen. 1 EL Öl in die Pfanne gießen, die Zucchini dünsten und herausnehmen. Im restlichen Öl die Paprikastreifen 2 bis 3 Minuten dünsten, herausnehmen. Zwiebel und Knoblauch farblos anschwitzen. Tomaten, Zucker und Kräuter zugeben und bei geringer Hitze etwa 20 Minuten köcheln lassen. Das Gemüse zufügen, weitere 5 Minuten köcheln, dann abkühlen lassen. Die Kartoffeln schälen, in 5 mm dicke Scheiben und diese in 5 mm breite und 5 cm lange Streifen schneiden. In kochendem Salzwasser 10 Minuten kochen,

abseihen. Die Butter zerlassen, die Zwiebeln darin farblos anschwitzen. Das Mehl mitschwitzen und die Sahne einrühren. Würzen, 10 Minuten köcheln lassen, mit dem Mixstab pürieren und passieren. Kartoffeln und Lorbeerblatt zufügen, 5 Minuten garen. Von den Koteletts (je 80 bis 100 g) die Knochen abschaben, würzen. Die Koteletts belegen und einschlagen, wie gezeigt. Das Öl erhitzen und die Koteletts, Gemüse oben, darin anbraten. In dem auf 200 °C vorgeheizten Ofen in 12 Minuten fertigbraten.

Das gewässerte Schweinenetz flach ausbreiten. Die Koteletts auflegen und die Ratatouille darauf verteilen.

Das Schweinenetz vorsichtig über das Gemüse ziehen und die Koteletts doppelt einschlagen.

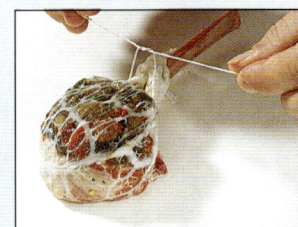

Mit einem Bindfaden das Netz am Knochen zusammenbinden; darauf achten, daß nichts verrutscht.

Die überstehenden Teile des Schweinenetzes mit einem scharfen Messer am Knochen abschneiden.

Paillard vom Kalb

DÜNNE TRANCHEN AUS DER LENDE, GEFÜLLT MIT
PAPRIKAGEMÜSE, SERVIERT MIT MORCHELN.

Das Geheimnis dieser äußerst zarten und saftigen
Fleischscheiben liegt in dem ständigen Beschöpfen des Fleisches mit brauner Butter während des
Bratens. Bei der Zubereitung kommt es darauf an,
das Fleisch so zu schneiden, daß es die Füllung
aufnehmen kann. Außerdem muß zügig gearbei-
tet werden, denn die einzelnen Schritte sind
schnell gemacht und müssen mehr oder weniger
gleichzeitig geschehen, um das unvergleichliche
Geschmackserlebnis zu erzielen.

650 g Kalbslende
2 EL Pflanzenöl
40 g Butter
Salz, frisch gemahlener weißer Pfeffer

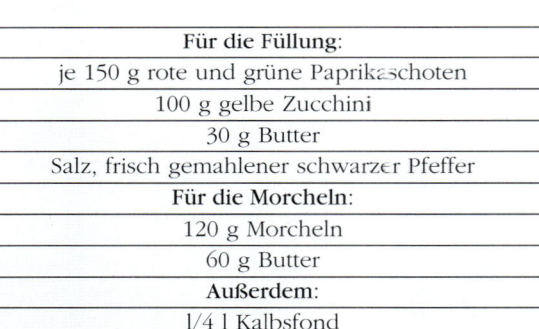

Ein edles Essen für
besondere Anlässe.
Wer den unvergleich-
lichen Geschmack des
Fleisches pur genießen
möchte,
der kann auf die
Füllung verzichten.

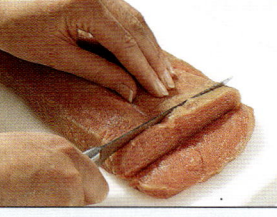

Von der Lende eine 1 cm
breite Scheibe einschnei-
den, aber nicht durch-
schneiden. Mit der näch-
sten Scheibe abschneiden.

Klarsichtfolie auf einer
Arbeitsfläche ausbreiten,
die Fleischscheiben
aufgeklappt darauflegen
und mit Folie abdecken.

Mit einem Plattiereisen
die Fleischscheiben gleichmäßig flach klopfen; der
Fachman sagt
dazu »plattieren«.

Für die Füllung:
je 150 g rote und grüne Paprikaschoten
100 g gelbe Zucchini
30 g Butter
Salz, frisch gemahlener schwarzer Pfeffer
Für die Morcheln:
120 g Morcheln
60 g Butter
Außerdem:
1/4 l Kalbsfond

Zunächst den Fond in eine Kasserolle gießen, aufkochen und auf die Hälfte reduzieren. Die Kalbs-
lende parieren; dafür die aufliegenden Häute,
Sehnen und das Fett abziehen, ohne das Fleisch
zu verletzen. 4 Paillards aus der ganzen Lende
schneiden, wie in der Bildfolge gezeigt. Für die
Füllung die Paprikaschoten häuten. Dafür die
Schoten in dem auf 220 °C vorgeheizten Ofen
backen, bis die Haut »Blasen wirft« und bräunt.
Herausnehmen, in ein feuchtes Tuch wickeln
oder in eine Plastiktüte legen und schwitzen lassen. Die Haut abziehen. Die Schoten längs halbieren, Stielansätze, Samen und Scheidewände entfernen und das Fruchtfleisch in sehr feine Würfel
schneiden. Die Zucchini putzen und ebenfalls
sehr fein würfeln. Die Morcheln putzen, unter
fließendem Wasser gut säubern und abtropfen
lassen. Eine entsprechend große Pfanne aufhei-
zen, das Öl darin erhitzen, die Butter zugeben
und aufschäumen lassen. Die Fleischscheiben
einlegen, salzen und pfeffern, mit der Butter beschöpfen und wenden. Die gebratene Seite ebenfalls salzen und pfeffern und ständig mit der Butter nappieren. In 4 bis 5 Minuten sind die Fleischscheiben gar. In der Zwischenzeit für die Füllung
die Butter in einer zweiten Pfanne zerlassen, das
Gemüse darin angehen lassen, würzen, herausnehmen und warm stellen. Gleichzeitig die Butter
für die Morcheln in einer kleinen Pfanne erhitzen
und die Morcheln darin etwa 5 Minuten braten.
Die Paillards auf vorgewärmten Tellern anrichten
und je etwas Gemüse auf die vorderen Hälften
der Paillards legen. Die anderen Hälften darüber-
klappen. Den reduzierten Fond in die Fleisch-
pfanne gießen, den Bratfond unter ständigem
Rühren loskochen und abschmecken. Die Morcheln auf die Teller verteilen, mit der Butter und
dem Bratfond beträufeln.

Bœuf bourguignon

ROTWEIN UND RINDFLEISCH SIND DIE BASIS FÜR DAS TYPISCHE
GERICHT DIESER FRANZÖSISCHEN REGION.

Beste Zutaten sind hier Voraussetzung, und davon hat Frankreich jede Menge zu bieten. Die vollmundigen, gehaltvollen Rotweine aus dem Burgund, dem ehemaligen Herzogtum im Osten des Landes, genießen internationales Ansehen. Und die weißen Charolais-Rinder sind bekannt für ihr qualitativ hochwertiges Fleisch.

Das Rindfleisch mit den Zwiebelringen lagenweise in eine Schüssel geben. Mit dem Rotwein und Cognac begießen.

1 kg Rindfleisch aus der Schulter oder Unterschale
100 g Zwiebeln, 400 ml Burgunder, 2 cl Cognac
450 g kleine weiße Champignons
Salz, frisch gemahlener schwarzer Pfeffer
2 EL Pflanzenöl, 60 g Butter
25 g Mehl, 300 ml Rinderfond
1 Kalbsfuß, in Stücke geschnitten
1 Zweig Petersilie, 1 Zweig Thymian, 1 Lorbeerblatt
1 Bouquet garni (je 60 g Möhre, Sellerie, Lauch)
150 g durchwachsener Speck, 25 Perlzwiebeln

Die Fleischwürfel salzen und pfeffern. Das Öl und 40 g Butter in einem Topf erhitzen, das Fleisch anbraten und herausnehmen.

Speck, Zwiebelchen und Pilze vorbereiten, während das Fleisch im Ofen schmort. Dafür die restliche Butter in einem Topf zerlassen und nacheinander den Speck, die Perlzwiebeln und die geviertelten Champignonköpfe anbraten. Die Champignons salzen, leicht Saft ziehen lassen.

Das Fleisch in große Würfel schneiden, doppelt so groß wie für ein gewöhnliches Gulasch. Die Zwiebeln schälen und in Ringe schneiden. In eine Schüssel schichten und weiterverfahren, wie im ersten Bild rechts gezeigt. Die Schüssel zudecken und das Fleisch 4 Stunden im Kühlschrank marinieren lassen. Anschließend die Fleischteile mit einer Gabel ausstechen und auf Küchenpapier abtropfen lassen. Die Marinadenflüssigkeit durch ein Sieb passieren und zur Seite stellen. Die Champignons waschen, die Stiele im Ganzen abtrennen, die Köpfe vierteln. Weiterverfahren, wie rechts von Bild 2 bis Bild 4 gezeigt. Den verschlossenen Topf in den auf 180 °C vorgeheizten Ofen schieben und das Rindfleisch etwa 2 Stunden schmoren. In der Zwischenzeit die Garnituren zubereiten, wie links in der Bildfolge gezeigt. Dafür den Speck in Streifen schneiden und kurz blanchieren. Die Perlzwiebeln schälen. Den Topf aus dem Ofen nehmen, das Fleisch ausstechen und zu den Pilzen geben. Speck und Zwiebeln zufügen. Die Schmorsauce darüberpassieren. Den Topf wieder mit dem Deckel schließen und das Gericht weitere 30 Minuten bei 180 °C im Ofen schmoren. Servieren. Als Beilage passen selbstgemachte breite Nudeln dazu.

Eine Roux herstellen. Dafür das Mehl in das heiße Fett stauben und unter Rühren leicht Farbe nehmen lassen.

Die Roux mit der passierten Marinadenflüssigkeit ablöschen. Den Fond unter Rühren zugießen und zum Kochen bringen.

Kalbsfußstücke, Fleisch, Kräuter, Champignonstiele und Bouquet garni darin erhitzen. Topf schließen, in den Ofen schieben.

Das fertige Gericht auf vorgewärmte Teller anrichten. Die Nudeln mit in Butter erwärmten Semmelbröseln garnieren.

Rinderfilet mit Gemüse

EINE TRADITIONELLE ZUSAMMENSTELLUNG, DIE EINFACH ZUBEREITET UND LEICHT BEKÖMMLICH IST.

Dieses Rezept verzichtet bewußt auf kräftige Gewürze und Geschmacksgeber, um den delikaten Geschmack des hochwertigen Filets voll zur Geltung kommen zu lassen. Das zarte Fleisch des Rinderfilets gehört zum Feinsten vom Rind und ist ideal zum Braten in der Pfanne geeignet. Gut abgehangen und gelagert sollte es sein.

Für 6 Portionen
1 kg Rinderfilet, aus dem Mittelstück geschnitten
5 EL Öl
Salz, frisch gemahlener schwarzer Pfeffer
120 g Butter
1/4 l Rinderfond
Für das Gemüse:
200 g Möhren
200 g Knollensellerie
200 g Lauch
400 ml Gemüsefond
Außerdem:
etwas Petersilie zum Garnieren

Nach Gärtnerinart heißt die klassische Beigabe zu Rinderfilet, wenn sie aus Wurzelgemüse wie Knollensellerie und Möhren sowie Lauch besteht. Frisch sollen die Zutaten sein, die dann in ganz feine Julienne geschnitten werden.

1. Das Filet parieren, das heißt, sorgfältig von Fett und Sehnen befreien, es darf nur schieres Fleisch zubereitet werden.

2. In einer entsprechend großen Pfanne das Öl stark erhitzen und das Filet darin rundum scharf anbraten. Mit Salz und Pfeffer würzen. Die Butter zugeben und die Hitze reduzieren. Das Filet in etwa 30 Minuten fertigbraten, dabei immer wieder wenden und mit dem Bratfett beschöpfen.

3. Das Fleisch aus der Pfanne nehmen und bis zur weiteren Verwendung warm halten. Den Rinderfond in die Pfanne gießen und den Bratsatz unter ständigem Rühren damit ablöschen. Den Fond auf etwa 1/3 reduzieren. Durch ein feines Sieb passieren und abschmecken.

4. In der Zwischenzeit das Gemüse schälen beziehungsweise putzen. Mit einem scharfen Messer alle drei Gemüsearten in sehr feine Streifen (Julienne) schneiden.

5. In einem Topf den Gemüsefond erhitzen, die Gemüsestreifen einlegen und etwa 5 Minuten kochen. Mit einem Schaumlöffel herausnehmen und abtropfen lassen.

6. Das Filet auf ein Tranchierbrett mit Saftrinne legen und in Scheiben schneiden. Das Gemüse mit der Sauce auf Tellern anrichten und das Fleisch darauflegen. Mit Petersilie garnieren. Kroketten oder Mandelkartoffeln dazu servieren.

Roastbeef mit Kräuterkruste

KLASSISCH MIT HEISSEM YORKSHIRE PUDDING –
EIN DURCH UND DURCH BRITISCHES GERICHT.

Allein schon die Tatsache, daß dieses Rippen-stück vom Rind in aller Welt unter seinem engli-schen Namen »Roastbeef« bekannt ist, zeigt die Bedeutung, die ihm in der britischen Küche zu-kommt. Bei der Zubereitung ist allerdings etwas Fingerspitzengefühl nötig. Da sich der Saft im Bra-ten nach dem eigentlichen Garen noch verteilen muß, das Fleisch also »nachzieht«, ist es wichtig, den richtigen Garpunkt im Ofen zu ermitteln. Zu beachten ist dabei, daß beim Ruhen ein Tempera-turausgleich stattfindet, der die Kerntemperatur um etwa 5 °C erhöht. Damit das Roastbeef beim Anschnitt »medium«, also leicht rosa ist, sollen zum Ende der Garzeit die Kerntemperatur 45 °C

Den genauen Zeitpunkt für das Ende der Garzeit abzupassen ist die Kunst bei der Zubereitung eines solchen Bratens. Das Fleisch soll beim Anschnitt zart rosa sein. Vorher muß es aber »nachreifen«, damit sich der Saft gleichmäßig im Fleisch verteilen kann.

Der Name »Aberdeen-Angus« steht weltweit für bestes Rindfleisch. Die kleinwüchsige schwarze und hornlose Rasse stammt aus Schottland.

und die Temperatur der Randschicht 100 °C be-tragen. Mit einem Bratthermometer läßt sich dies am einfachsten ermitteln. Oder man übt mit dem Daumen etwas Druck auf eine magere Stelle aus, bei »medium« gibt das Fleisch dann noch leicht nach und geht langsam wieder in seine ursprüng-liche Form zurück.

1 kg Roastbeef, 4 EL Olivenöl, 1 TL Salz
1/2 TL frisch gemahlener schwarzer Pfeffer
Für die Kräuterkruste:
2 Knoblauchzehen
80 g Zwiebeln, 2 TL scharfer Senf
3 EL gehackte Kräutermischung
1 TL gehackter Thymian
je 2 Blättchen Majoran und Rosmarin, gehackt

Für den Yorkshire pudding:
200 ml Milch, 130 g Mehl, 4 Eier
Salz, Pfeffer, frisch geriebene Muskatnuß

1. Das Roastbeef von dem aufliegenden Fett befreien, mit Öl einreiben, salzen und pfeffern. Zwei Stunden kühl durchziehen lassen.

2. Für den Pudding alle Zutaten zu einem glatten Teig verrühren und 1 Stunde kühl ruhen lassen.

3. Für die Kruste den Knoblauch schälen und zerdrücken. Die Zwiebeln schälen und fein hacken. Beides mit dem Senf verrühren. Die Kräutermischung (Liebstöckel, Petersilie, Melisse, Minze), Thymian, Majoran und Rosmarin untermischen.

4. Das Fleisch mit der Kräuterpaste überziehen und auf einen Bratenrost legen. In den auf 240 °C vorgeheizten Ofen auf die mittlere Schiene – darunter eine Fettpfanne – schieben und zunächst 15 Minuten anbraten, dann auf 180 °C herunterschalten und in 10 bis 15 Minuten rosa, »medium«, braten. Herausnehmen, in Alufolie wickeln und bei Raumtemperatur 15 Minuten ruhen lassen.

5. Für den Pudding Muffinförmchen ausfetten, den Teig einfüllen und bei 200 °C im vorgeheizten Ofen in 15 bis 20 Minuten goldbraun backen.

6. Das Fleisch auf einem Tranchierbrett mit Saftrinne in 1 cm starke Scheiben schneiden und mit dem Yorkshire Pudding auf Tellern anrichten.

Fleischbällchen in Weißweinsauce

EIN TRADITIONELLES NIEDERLÄNDISCHES ALLTAGS-GERICHT, VERFEINERT MIT FRANZÖSISCHEM CHABLIS.

Alles was alltäglich ist, hat den Ruf des Profanen. Ungerechterweise gilt das auch für dieses Rezept, das auch in Dänemark und Skandinavien zum festen Repertoire der Hausfrauen gehört. Letztlich ist aber jedes Gericht, und sei es noch so schlicht, nur so gut wie seine Zutaten und die Zubereitung, die man ihm angedeihen läßt. Daß man auch aus einem alltäglichen Gericht eine kleine Delikatesse zaubern kann, beweist in diesem Rezept die feinsämige Weißweinsauce mit einem guten Schuß Sahne. Die Holländer, obgleich 'Flachländer' und selbst keine Weinbauern, sind dennoch Kenner mit einem Faible für französische Weine. Für dieses Gericht wird ein Chablis aus kontrollierter Appellation empfohlen, den man natürlich auch als Trinkwein dazu serviert.

Für die Fleischbällchen:
300 g Kalbfleisch, 200 g Schweinefleisch
50 g Zwiebel
1 Knoblauchzehe
20 g Butter
2 EL gehackte Kräuter

Helles Kalbfleisch dominiert die Zusammensetzung der Bällchen. Es verleiht ihnen eine elegante blasse Farbe – in bester Ergänzung zu der winterweißen Weinsauce.

60 g Weißbrot ohne Rinde, 1 Ei
Salz, frisch gemahlener schwarzer Pfeffer
etwas frisch geriebene Muskatnuß
Für die Weißweinsauce:
30 g Zwiebel, 20 g Butter
100 ml Weißwein
1/4 l Sahne
Salz, frisch gemahlener weißer Pfeffer
1 EL feingehackte glatte Petersilie

1. Von dem Kalbfleisch sowie dem Schweinefleisch Haut und Sehnen vollständig entfernen. Beide Fleischsorten grob würfeln und zweimal durch die feine Scheibe des Fleischwolfs drehen, in eine Schüssel füllen.

2. Die Zwiebel und die Knoblauchzehe schälen und beides sehr fein hacken. In einer Pfanne die Butter zerlassen und die Zwiebel- und Knoblauchwürfel darin hell anschwitzen. Die gehackten Kräuter (Majoran, Liebstöckl, Thymian, Petersilie) einrühren. Vom Herd nehmen.

3. Die Zwiebel-Kräuter-Mischung sowie das in Wasser eingeweichte, gut ausgedrückte Weißbrot, das Ei, Salz, Pfeffer und Muskatnuß in die Schüssel mit dem Fleisch geben, alles gut vermischen.

4. Aus dem Fleischteig etwa 20 Bällchen à 30 g formen. In kochendes Salzwasser einlegen und die Bällchen in etwa 5 Minuten garziehen lassen.

5. Für die Sauce die Zwiebel schälen und fein hacken. In einer Kasserolle die Butter zerlassen und die Zwiebel darin glasig anschwitzen. Mit dem Weißwein ablöschen und die Flüssigkeit auf 1/3 reduzieren. Die Sahne zugießen und die Sauce einkochen lassen, bis sie eine sämige Konsistenz erhält. Mit Salz und Pfeffer würzen, die gehackte Petersilie einstreuen.

6. Die Fleischbällchen mit dem Schaumlöffel aus dem Salzwasser heben, noch 3 bis 4 Minuten in der Weißweinsauce ziehen lassen, dann servieren. Als Beilage dazu passen gekochte Kartoffeln.

Geschmorte Ochsenbacke

EIN ESSEN FÜR BESONDERE GELEGENHEITEN, SERVIERT MIT CHICOREE UND KARTOFFELPÜREE.

4 Ochsenbacken (je 400 g)
Salz, frisch gemahlener weißer Pfeffer
30 g Mehl, 100 g Zwiebeln, 80 g Möhren
150 g Stangensellerie, 4 EL Sonnenblumenöl
30 g Tomatenmark, 1 TL Olivenöl
1/8 l Madeira
3/4 l Rotwein, 200 ml Rinderfond
1 Gemüsebouquet
Für den Chicorée:
4 Chicorée (je 100 g)
Saft von 1 Zitrone
8 dünne Scheiben durchwachsener Speck (160 g)
30 g Butter, 100 ml Gemüsebrühe
Für das Kartoffelpüree mit Steinpilzen:
1 kg mehligkochende Kartoffeln
200 g Steinpilze, 70 g Butter
Salz, frisch gemahlener Pfeffer, 1/4 l Milch
Außerdem:
etwas frisch gehackte Petersilie

Die Ochsenbacken nach dem Schmoren ausstechen, das heißt, mit einer Gabel aus dem Topf herausholen. Die Sauce durch ein feines Sieb passieren, dabei das Gemüse leicht andrücken.

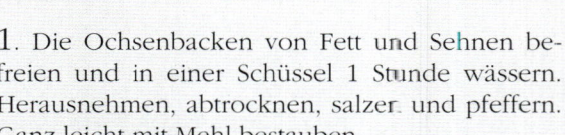

Viel Zeit zum Schmoren benötigen die Ochsenbacken, doch das Ergebnis ist dann unvergleichlich zart und aromatisch. Mit ihrer sämigen Sauce passen sie bestens zu frischem Kartoffelpüree.

1. Die Ochsenbacken von Fett und Sehnen befreien und in einer Schüssel 1 Stunde wässern. Herausnehmen, abtrocknen, salzen und pfeffern. Ganz leicht mit Mehl bestauben.

2. Die Zwiebeln schälen. Die Möhren und den Sellerie putzen und in grobe Stücke schneiden. Das Öl in einer hohen Kasserolle erhitzen und die Ochsenbacken darin von allen Seiten anbraten. Das Gemüse zufügen und kurz mitbraten. Die Kasserolle in den auf 190 °C vorgeheizten Ofen schieben. So lange »laufen« lassen, bis die Zwiebeln zu zerfallen beginnen. Das Tomatenmark in dem Olivenöl kurz anschwitzen und auf den Zwiebeln verteilen. Alles mit dem restlichen Mehl bestauben und im Ofen verkrusten lassen.

3. Mit dem Madeira ablöschen. Nach und nach den Wein aufgießen und einkochen lassen. Den Fond zugießen. Das Gemüsebouquet (1 Stange Lauch, 1 Bund Petersilienstiele, 1 Zweig Thymian) einlegen. 2 1/2 bis 3 Stunden offen schmoren lassen, dabei den Braten immer wieder beschöpfen. Das Fleisch ausstechen und die Sauce passieren.

4. Für den Chicorée die Stauden putzen und halbieren. Den inneren Kegel, in dem die meisten Bitterstoffe stecken, herausschneiden. Die Schnittflächen mit Zitronensaft bestreichen. Jede Chicoréehälfte mit einer Scheibe Speck umwickeln. Die Butter in einer Pfanne zerlassen und den Chicorée darin kurz anbraten. Die Brühe aufgießen und 5 bis 8 Minuten schmoren.

5. Für das Püree die Kartoffeln waschen, schälen und in grobe Würfel schneiden. In Salzwasser in 15 bis 20 Minuten gar kochen. Die Pilze mit einem Tuch abreiben, putzen und in feine Scheiben schneiden. 30 g Butter zerlassen und darin die Pilze in etwa 10 Minuten weich dünsten. Ganz leicht mit Salz und Pfeffer würzen. Die Milch aufkochen. Die Kartoffeln abgießen und durch eine Kartoffelpresse in eine Schüssel pressen. Die kochendheiße Milch und die restliche Butter zufügen und alles mit einem Schneebesen zu lockerem Püree schlagen. Die heißen Pilze unterheben.

6. Die Ochsenbacken mit dem Chicorée, dem Kartoffelpüree und der Sauce auf vorgewärmten Tellern anrichten und mit Petersilie garnieren.

Kalbsbrust mit Leberfüllung

UNTER DEN INNEREIEN KOMMT DER LEBER DIE GRÖSSTE BEDEUTUNG ZU. IHR EIGENGESCHMACK IST FÜR FÜLLUNGEN BESTENS GEEIGNET.

Für dieses Rezept bittet man am besten gleich den Metzger, in die Kalbsbrust eine Tasche zum Füllen zu schneiden.

Für 6 Portionen
1 ausgelöste Kalbsbrust (etwa 1,7 kg)
Für die Füllung:
250 g Weißbrot vom Vortag, 1/4 l Kalbsfond
250 g Kalbsleber, 150 g Zwiebeln
150 g Pfifferlinge, 100 g Steinpilze, 3 EL Öl
Salz, frisch gemahlener Pfeffer
2 EL gehackte Petersilie
1 EL Thymianblättchen
3 Eier, 4 EL Semmelbrösel
1 EL rosenscharfes Paprikapulver
Für das Röstgemüse:
80 g Zwiebeln, 80 g Möhren, 60 g Lauch
50 g Knollensellerie, 30 g Petersilienwurzel
4 EL Pflanzenöl, 1/4 l Weißwein, 400 ml Kalbsfond
Für das Kartoffel-Zwiebel-Gratin:
150 g Zwiebeln, 600 g Kartoffeln
Butter für die Form
Salz, frisch gemahlener Pfeffer
300 ml von der oben zubereiteten Kalbsbratensauce

1. Mit einem scharfen Messer eine tiefe Tasche in die Kalbsbrust schneiden.

2. Für die Füllung das Brot in Würfel schneiden und in dem Fond einweichen. Die Leber in Stücke schneiden und zusammen mit dem Brot durch die feine Scheibe des Fleischwolfes drehen. Die Zwiebeln schälen und fein hacken. Die Pfifferlinge und die Steinpilze sorgfältig putzen und in kleine Stücke schneiden. Das Öl in einer Pfanne erhitzen und die Zwiebeln darin farblos anschwitzen. Die Pilze 3 bis 4 Minuten mitschwitzen. Salzen, pfeffern und abkühlen lassen. Die Brot-Leber-Masse in einer Schüssel mit der Zwiebel-Pilz-Mischung, den Kräutern, den Eiern und den Semmelbröseln vermengen. Mit Paprikapulver, Salz und Pfeffer würzen.

3. Die Füllung in die Fleischtasche geben und die Öffnung mit einem Faden zunähen. Das Fleisch außen salzen und pfeffern.

4. Das Röstgemüse schälen beziehungsweise putzen und in grobe Stücke schneiden. Das Öl in einem Bräter erhitzen und zunächst die gefüllte Kalbsbrust darin anbraten. Das Gemüse mitrösten und mit dem Weißwein ablöschen.

5. Den Bräter in den auf 180 °C vorgeheizten Ofen stellen und das Fleisch in 1 1/2 Stunden braten. Nach und nach den Kalbsfond zugießen und das Fleisch immer wieder damit begießen. Den Braten aus dem Ofen nehmen und 15 Minuten ruhen lassen. Die Sauce durch ein Sieb passieren und abschmecken.

6. Für das Gratin die Zwiebeln und die Kartoffeln schälen und in dünne Scheiben schneiden. Eine große, feuerfeste Form mit Butter ausstreichen. Abwechselnd die Zwiebeln und die Kartoffeln dachziegelartig einschichten. Salzen und pfeffern. Mit 300 ml passierter Bratensauce begießen, die man dem Braten entnehmen kann. In der letzten halben Stunde der Garzeit des Bratens das Gratin in den 180 °C heißen Ofen auf ein Gitter über den Braten stellen und 45 Minuten garen.

7. Die Kalbsbrust auf einem Tranchierbrett mit Saftrinne in Scheiben schneiden und mit der restlichen Sauce und dem Gratin servieren.

Die Leberfüllung erhält ihren aromatischen Geschmack durch die vielen frischen Kräuter. In Rußland wird die Kalbsbrust auch mit einer Mischung aus Kalbshackfleisch, süßer Sahne, Speck und geräucherter oder gepökelter Zunge gefüllt.

Gesottenes Lammfleisch

BESTENS BEGLEITET VON EINER SÄMIGEN SCHNITTLAUCHSAUCE.

Relativ selten zu finden sind solche Rezepte, in denen Lammfleisch weder gegrillt noch gebraten wird. Doch warum nicht auch einmal anders, dem Experimentieren in der Küche sind schließlich keine Grenzen gesetzt. Das leise Köcheln unter dem Siedepunkt bekommt dem Lammfleisch außerordentlich gut, und für die geschmackliche Abrundung in diesem Rezept sorgt die feine Sauce. Schnittlauch ist ein dankbares Würzkraut, es wird weltweit kultiviert und liefert mit seinen ständig nachwachsenden, röhrigen Blättern das ganze Jahr über frischen Nachschub, in den Wintermonaten allerdings aus dem Treibhaus. Geerntet wird Schnittlauch, bevor er seine schönen lilafarbenen Blüten entfaltet, da er anschließend viel von seinem Aroma einbüßt.

2 Lammschultern mit Knochen (je etwa 1 kg)
120 g Möhren
100 g Zwiebeln, 80 g Lauch
50 g Stangensellerie
3 EL Pflanzenöl
5 Petersilienstengel
Salz, 10 weiße Pfefferkörner
600 g kleine, festkochende Kartoffeln
Für die Schnittlauchsauce:
50 g Schalotten
30 g Butter, 10 g Mehl

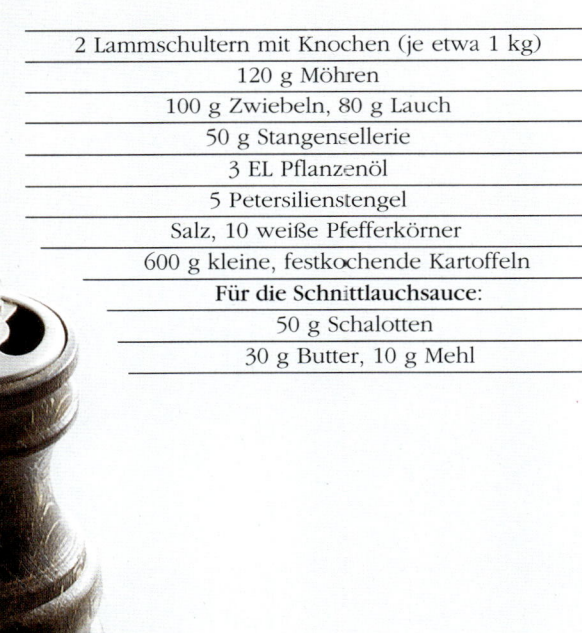

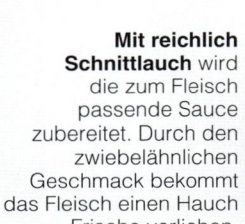

Mit reichlich Schnittlauch wird die zum Fleisch passende Sauce zubereitet. Durch den zwiebelähnlichen Geschmack bekommt das Fleisch einen Hauch Frische verliehen.

150 ml Lammbrühe
150 ml Sahne
Salz, frisch gemahlener weißer Pfeffer
4 EL Schnittlauchröllchen

1. Die Lammschultern in einen entsprechend großen Topf legen, mit kaltem Wasser bedecken und zum Kochen bringen.

2. Die Möhren und die Zwiebeln schälen, den Lauch und den Stangensellerie putzen und waschen. Alles in Stücke schneiden. Das Öl in einer Pfanne erhitzen und das Gemüse darin hellbraun anbraten.

3. Das Gemüse, die Petersilienstengel, etwas Salz und die Pfefferkörner zum Fleisch geben. Aufkochen, die Hitze reduzieren und das Fleisch 70 bis 80 Minuten garen lassen, dabei immer wieder den aufsteigenden Schaum abschöpfen.

4. Die Kartoffeln waschen, schälen und in den letzten 20 Minuten mitgaren.

5. Für die Sauce die Schalotten schälen und fein hacken. Die Butter in einer Kasserolle zerlassen und die Schalotten darin farblos anschwitzen. Das Mehl darüberstreuen und unter Rühren 2 bis 3 Minuten mitschwitzen. Die Brühe aufgießen und die Sauce unter Rühren 10 Minuten köcheln lassen. Die Sahne zugießen, salzen und pfeffern und weitere 5 Minuten köcheln lassen. Die Schnittlauchröllchen einstreuen.

6. Das Fleisch aus der Brühe heben und etwas abkühlen lassen. Das Fleisch von den Knochen lösen und in Scheiben schneiden. Auf vorgewärmten Tellern anrichten. Die Schnittlauchsauce und die Kartoffeln dazu servieren.

Tip: Die zurückbleibende Kochbrühe kann, passiert und mit einer beliebigen Einlage versehen, als Suppe gereicht werden.

Bigos Polski

DIE KOMBINATION AUS SCHWEINEFLEISCH, SAUERKRAUT UND
PILZEN – EIN POLNISCHES NATIONALGERICHT.

Fleisch und Kraut – eine alte Liebe, die nicht rostet. In nahezu allen osteuropäischen Ländern, bis in die entlegensten Zipfel Rußlands, wird diese Verbindung als Eintopfgericht zubereitet. Von Wirsing bis Weißkohl finden sämtliche Kohlsorten Verwendung. Als geschmacklicher 'Gegenspieler' kommt oft Schweinefleisch, seltener auch Wild zum Einsatz. Beide können sich durch ihren kräftigen Eigengeschmack gegen die intensive Kohlnote behaupten. Der polnische Bigos bekommt durch Kolbas, eine Wurst aus Schweinefleisch, gewürzt mit Knoblauch und Pfeffer, noch einen besonders pikanten Charakter.

1 kg Schweinefleisch aus der Keule
Salz, frisch gemahlener schwarzer Pfeffer
60 g Schweineschmalz
200 g geräucherter, durchwachsener roher Speck
500 g Sauerkraut, 2 Lorbeerblätter
4 Pimentkörner, 5 Wacholderbeeren
625 ml Fleischbrühe, 400 g Weißkohl
200 g frische Pfifferlinge
Salz, frisch gemahlener schwarzer Pfeffer
50 g Zwiebel, 20 g Mehl, 250 g Kolbas
100 g passierte Tomaten, etwas Zucker

Das Fleisch salzen und pfeffern. In einem Topf 30 g Schweineschmalz erhitzen und das Fleisch sowie den Speck rundum darin anbraten. Weiterverfahren, wie im ersten Bild rechts gezeigt. 1/2 l Fleischbrühe angießen, alles bei mittlerer Hitze zugedeckt etwa 1 1/2 Stunden schmoren. In der Zwischenzeit den Weißkohl vierteln, den Strunk entfernen und die Viertel kleinschneiden. Die Pfifferlinge sorgfältig putzen, mit Küchenpapier abreiben. Größere Exemplare halbieren oder vierteln. In einem separaten Topf den Weißkohl mit den Pilzen und der restlichen Brühe aufkochen.

Salzen, pfeffern und zugedeckt 20 Minuten dünsten. Während der Garzeit von Kraut und Pilzen die Zwiebel schälen, fein hacken. In einem Pfännchen das restliche Schweineschmalz erhitzen, die Zwiebel darin glasig schwitzen, das Mehl einstreuen und gut unterrühren. Weiterverfahren, wie im 2. Bild unten gezeigt. Nach Ende der Garzeit, Braten und Speck aus dem Kraut heben, etwas auskühlen lassen. Das Fleisch in 1,5 cm, den Speck in 1 cm große Würfel schneiden. Die Kolbas häuten und in dünne Scheiben schneiden Weiterverfahren, wie im 3. Bild gezeigt. Alles gut vermengen, den Bigos nochmals erwärmen, mit Salz, Pfeffer und Zucker abschmecken. Mit einer Scheibe kräftigen Landbrots servieren

Das zerpflückte Sauerkraut sowie die Lorbeerblätter, die Pimentkörner und die Wacholderbeeren in den Topf geben und mitkochen.

Die Zwiebel-Mehlschwitze unter das Weißkraut und die Pfifferlinge rühren, gut vermengen und alles einmal aufkochen lassen.

Weißkraut und Pfifferlinge, dann Speck- und Fleischwürfel, Kolbasscheiben sowie die Tomaten unter das Sauerkraut mischen.

Die Knödelmasse mit angefeuchteten Händen oder einem Löffel zu einer dicken Wurst formen, locker in das Tuch einrollen, da sich die Masse beim Garen noch ausdehnt. An den Enden mit Küchengarn abbinden, an einem Kochlöffel befestigen und den Knödel in kochendes Salzwasser einhängen.

Kümmelfleisch

BESONDERES GESCHICK BEIM EINSATZ VON KÜMMEL HAT DIE KÜCHE IN BÖHMEN UND MÄHREN.

Eigentlich sollte man meinen, zartes Kalbfleisch und herber Kümmel – das verträgt sich nicht. Eher das Gegenteil ist der Fall, wenn der Kümmel mit den übrigen Gewürzen so perfekt harmoniert wie in diesem Rezept. Scheiben vom böhmischen Serviettenknödel, eine Spezialität für sich, ergänzen das Ganze mit einer leichten Muskatnote auf das Allerfeinste.

Für das Kümmelfleisch:
1 kg Kalbfleisch aus der Unterschale
3 EL Pflanzenöl, 15 g Mehl, Salz
10 g edelsüßes Paprikapulver
1/4 l Kalbsfond
1 TL Zucker
1 TL feingehackter Kümmel
200 g Äpfel (zum Beispiel Jonagold oder Gloster)
100 g Crème fraîche
1 EL gehackte glatte Petersilie
Für den Serviettenknödel:
8 Brötchen vom Vortag
1/4 l Milch, 6 Eigelbe, 100 g Butter
Salz, frisch gemahlener Pfeffer
frisch geriebene Muskatnuß
2 EL feingehackte glatte Petersilie
6 Eiweiße

Kalbfleisch rustikal?
Was auf den ersten Blick wie ein deftiger Eintopf wirkt, entpuppt sich auf den zweiten als sensible Komposition mit stimmiger Gewürzbalance.

1. Zunächst den Serviettenknödel zubereiten. Dafür die Brötchen in etwa 1 cm große Würfel schneiden. Die Brotwürfel in einer Schüssel mit lauwarmer Milch übergießen. Zugedeckt etwas durchziehen lassen.

2. Eigelbe mit der Butter schaumig rühren. Salz, Pfeffer und Muskatnuß einstreuen. Die Eigelb-Butter-Masse mit der Petersilie zum eingeweichten Brot geben und zu einem Teig vermischen. Die Eiweiße steifschlagen und den Eischnee mit einem Holzlöffel vorsichtig unterheben.

3. Ein Leinentuch ausbreiten und weiterverfahren, wie in den beiden Bildern links oben gezeigt. Den Knödel nicht

zu dicht am Kochlöffel festbinden – er sollte beinahe vollständig mit Wasser bedeckt sein – und
im geschlossenen Topf etwa 1 Stunde garen.

4. Das Kalbfleisch in 2 cm große Würfel schneiden. In einem entsprechend großen Topf das Öl
erhitzen und die Fleischwürfel darin von allen
Seiten anbraten. Mit Mehl bestauben, salzen, mit
dem Paprikapulver bestreuen und alles gut vermengen. Den Kalbsfond angießen, mit Zucker
und Kümmel würzen. Zugedeckt bei geringer Hitze 30 Minuten köcheln lassen.

5. Die Äpfel schälen, vierteln, das Kerngehäuse
entfernen und die Viertel in Spalten schneiden.
Nach 30 Minuten der Kochzeit die Apfelspalten

unter das Fleisch mischen. Anschließend die Crème fraîche einrühren und alles noch weitere
10 Minuten köcheln lassen.

6. Den Serviettenknödel aus dem Tuch wickeln,
in dicke Scheiben schneiden. Das Kümmelfleisch
abschmecken, mit gehackter Petersilie bestreuen
und mit einer Scheibe vom Serviettenknödel auf
vorgewärmten Tellern anrichten und servieren.

Rindfleisch mit Rote Bete und Salzgurken

AUF SCHONENDE ART GESOTTEN, ERLANGT DAS RINDFLEISCH SEINEN GUTEN GESCHMACK.

Durch das Garen unter dem Siedepunkt wird verhindert, daß die Eiweißflüssigkeit im Fleischsaft austrocknet. Das Fett, welches die Muskelfasern umgibt, wird weniger ausgelaugt, und dadurch bleibt das Fleisch zart und saftig.

500 g Markknochen
1,2 kg Rindfleisch aus der Schulter
3 Knoblauchzehen, 100 g Zwiebeln
80 g Möhren, 30 g Knollensellerie
50 g Lauch, 30 g Petersilienwurzel
30 g Butter, 2 cl Cognac
1 bis 2 TL Speisestärke, frisch gemahlener Pfeffer
Für den Rote-Bete-Salat:
800 g Rote Bete
2 EL Weinessig
5 EL Pflanzenöl
1 Prise Zucker, Salz, frisch gemahlener Pfeffer
Außerdem:
1 TL Kümmel, Salz für das Kochwasser der Knollen
etwas Petersilie
Salzgurken nach Belieben

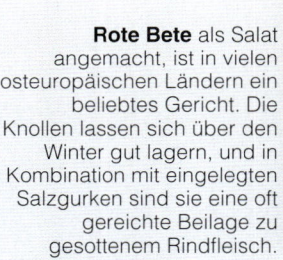

Rote Bete als Salat angemacht, ist in vielen osteuropäischen Ländern ein beliebtes Gericht. Die Knollen lassen sich über den Winter gut lagern, und in Kombination mit eingelegten Salzgurken sind sie eine oft gereichte Beilage zu gesottenem Rindfleisch.

1. Die Markknochen unter fließendem kaltem Wasser waschen. Bei Bedarf in schwach gesalzenem Wasser blanchieren, um sie zu reinigen. Einen Topf, dessen Größe für alle Knochen und das Fleisch ausreicht, gut zur Hälfte mit schwach gesalzenem Wasser füllen und zum Kochen bringen. Die Markknochen darin 30 Minuten bei mittlerer Hitze kochen, dabei immer wieder den aufsteigenden Schaum vollständig abschöpfen.

2. Das Fleisch einlegen und knapp unter dem Siedepunkt 60 Minuten simmern lassen. Das Fleisch herausnehmen, die Brühe durch ein feines Sieb gießen und beiseite stellen.

3. Den Knoblauch und die Zwiebeln schälen und fein hacken. Das Gemüse putzen beziehungsweise schälen und in kleine Würfel schneiden.

4. Die Butter in einem großen Topf zerlassen und die Zwiebeln und den Knoblauch darin hell anschwitzen. Etwas Fleischbrühe angießen. Das Fleisch einlegen und so viel Brühe aufgießen, daß es gerade bedeckt ist. Bei schwacher Hitze weitere 60 Minuten ziehen lassen. Etwa 40 Minuten vor Ende der Garzeit das Gemüse zugeben. Den Cognac zufügen. Während des Garvorganges immer wieder etwas Brühe nachgießen.

5. Inzwischen für den Salat von den Rote-Bete-Knollen die Wurzeln und die Blätter abschneiden. Dabei nicht die Schale verletzen, damit die Knollen während des Garens nicht »ausbluten«. Die Knollen waschen und in einem Topf, mit Wasser (Kümmel und Salz) bedeckt, oder, noch besser, auf dem Lochaufsatz eines Dampftopfs in 45 bis 60 Minuten weich garen. Die Knollen abgießen, abschrecken, häuten oder dünn schälen und mit einem Buntmesser in dünne Scheiben schneiden. Die restlichen Zutaten sowie 2 EL des Kochsuds zu einer Vinaigrette verrühren. Über die Rote Bete geben und 20 Minuten durchziehen lassen.

6. Das weiche Fleisch herausnehmen, in Alufolie einschlagen und warm halten. Die Sauce mit dem Gemüse durch ein feines Sieb in einen Topf passieren. Die Speisestärke mit etwas Wasser anrühren und die Sauce damit binden. Aufkochen und mit Pfeffer abschmecken.

7. Das Fleisch auf ein Tranchierbrett mit Saftrinne legen und in Scheiben schneiden. In einer vorgewärmten Form mit etwas heißer Sauce anrichten und mit ein paar Blättchen Petersilie garnieren. Mit dem Rote-Bete-Salat und Salzgurken servieren. Dazu passen Petersilienkartoffeln.

Gefülltes Rinderfilet

IDEAL ZUM FÜLLEN, DA ES GLEICHMÄSSIG STARK UND ZART IST: DAS MITTELSTÜCK VOM FILET.

Wird das Filet als Ganzes gebraten und erst nach der Zubereitung in Scheiben geschnitten, kommt der reine Fleischgeschmack ganz anders zur Geltung, als wenn dünne Scheiben einzeln gebraten werden. Zwar fehlt die krosse Oberfläche, doch das überaus saftige Fleisch ist von zartester Konsistenz. Dieses mit Schalottenbutter gefüllte Filet sollte »medium« gegart werden.

Für 4 bis 6 Portionen
900 g Rinderfilet
Für die Schalottenbutter:
120 g Schalotten
150 g Butter
2 EL gehackte Petersilie
Salz, frisch gemahlener weißer Pfeffer
Außerdem:
2 EL Sonnenblumenöl
50 g Butter
1/4 l Rinderfond
50 ml Sahne
Cocktailtomaten und Salbeiblättchen

Das Rinderfilet an beiden Enden so aufschneiden, als solle eine dünne Tranche abgeschnitten werden, wie in dem ersten Bild zu sehen ist. Durch das spätere Hochstecken dieser Scheiben wird verhindert, daß die sich beim Aufwärmen verflüssigende Butterfüllung austritt. Das Fleisch zum Füllen vorbereiten, wie in der Bildfolge im zweiten Bild gezeigt. Für die Füllung die Schalotten schälen und in sehr feine Würfel schneiden. In einer kleinen Pfanne 50 g Butter aufschäumen lassen und 2/3 der Schalotten darin unter mehrmaligem Rühren ohne Farbe anschwitzen. Die restli-

Die Schalottenbutter als Füllung verleiht dem Braten einen angenehm würzigen Geschmack.

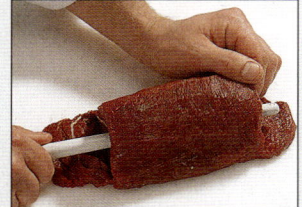

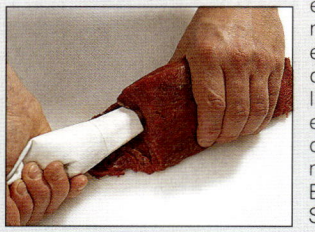

An beiden Enden des Filets mit einem scharfen Messer eine Scheibe ein-, aber nicht abschneiden. Mit einem Kochlöffelstiel durch die Länge des Filets, möglichst exakt in der Mitte, eine Öffnung zum Füllen drücken. Den Spritzbeutel nacheinander an beiden Enden ansetzen und die Schalottenbutter einfüllen.

chen Schalotten in kochendem Wasser kurz blanchieren und kalt abschrecken. Die restliche Butter
in einer Schüssel schaumig rühren. Sowohl die
angeschwitzten als auch die blanchierten Schalotten darin vermengen. Die Petersilie zugeben. Mit
Salz und Pfeffer würzen. Die Füllung in einen
Spritzbeutel mit glatter Lochtülle geben und den
Beutel mit leichtem Druck etwas aufrollen, damit
die Luft entweichen kann. Das vorbereitete Filet
füllen, wie in dem dritten Bild gezeigt. Die einge-
schnittenen Scheiben an den Enden des Filet-
stückes umklappen, die Öffnungen damit verschließen und mit Zahnstochern befestigen. (Der
Braten kann auch wie ein Rollbraten mit Küchengarn gebunden werden.) Den Braten rundum mit
Salz und Pfeffer würzen. Das Öl in einer entsprechend großen Pfanne erhitzen und die Butter darin aufschäumen. Den Braten unter wiederholtem
Drehen bei starker Hitze von allen Seiten gleichmäßig anbraten. Die Temperatur herunterschalten
und das Filet unter häufigem Drehen fertigbraten.

Dabei den Bratsatz häufig zusammenlaufen lassen
und das Filet immer wieder damit begießen. Je
nach Dicke des Filets beträgt die Garzeit 20 bis 25
Minuten. Das Fleisch herausnehmen und die
Zahnstocher (oder das Küchengarn) entfernen.
Den Braten in Alufolie wickeln und warm ruhen
lassen, damit sich der Fleischsaft gleichmäßig verteilen kann. Den Bratsatz mit dem Fond ablöschen und mit der Bratschaufel vom Pfannenbo-
den lösen. Die Sahne einrühren und etwas
einkochen lassen. Das Fleisch auf ein Tranchierbrett mit Saftrinne legen und mit einem scharfen
Messer in Scheiben schneiden. Die Sauce passieren. Mit der Sauce, gebratenen Cocktailtomaten
und Salbeiblättchen anrichten.

Schinkenbraten

EIN HERZHAFTES ESSEN DER LÄNDLICHEN KÜCHE,
MIT BUTTER-SCHUPFNUDELN UND WEISSKRAUT.

Für 6 bis 8 Portionen
Für den Schinkenbraten:
4 Knoblauchzehen, 1 TL grobes Salz
1 TL schwarze Pfefferkörner
1/2 TL Koriandersamen, 1 TL Thymianblättchen
3 EL Pflanzenöl
2 kg gekochter Schinken mit Schwarte, 8 Nelken
Für die Glasur:
2 kleine rote Chilischoten
Schale und Saft von 1 unbehandelten Orange
50 g Orangenblütenhonig, 1 EL gelbes Senfpulver
Für das Weißkraut:
1 kg Weißkraut, 80 g Zwiebeln
5 EL Pflanzenöl, Salz
1 gestrichener TL Zucker, 1 TL Kümmelsamen
2 EL Obstessig, 1/4 l Gemüsefond
Für die Schupfnudeln:
etwa 750 g mehligkochende Kartoffeln
225 g Mehl, Salz, 1 Ei, 1 Eigelb, 30 g Butter

Den Knoblauch schälen, grob hacken.
Mit Salz, Pfeffer, Koriander, Thymian
und Öl im Mörser zu einer feinen Paste zerreiben. Den Schinken rundum
mit der Gewürzpaste einpinseln und
zugedeckt etwa 5 Stunden im Kühlschrank durchziehen lassen. Herausnehmen und im Ofen garen. Dafür
die Fettpfanne zu 1/3 mit Wasser
füllen, den Gitterrost auflegen
und den Schinken mit der
Schwarte nach oben darauflegen. Im vorgeheizten Ofen
bei 160 °C in gut 2 Stunden

**Das Geheimnis der
feinwürzigen Kruste**
ist das Orangenaroma der
Glasur, das durch den
Orangenblütenhonig noch
verstärkt wird. Für den
Braten eignet sich am
besten ein mildge-
räuchertes Schinkenstück
aus der Keule – dazu
schmeckt ein frisch ge-
zapftes, kühles Bier.

Den Braten glasieren:
Von dem Schinken
die Schwarte ablösen,
die Fettschicht aber am
Fleisch belassen.

Das Schinkenfett mit einem
scharfen Messer rautenförmig einschneiden, dabei
das Fleisch nicht verletzen.

Nur die Fettschicht mit
der Glasur bepinseln und
die Zwischenräume mit
den Nelken spicken.

garen. Die Kartoffeln für die Schupfnudeln in Alufolie wickeln und 80 Minuten im Ofen mitbacken. Inzwischen die Chilischoten für die Glasur von Samen und Scheidewänden befreien, das Fruchtfleisch sehr fein hacken. In einem Pfännchen Orangenschale und -saft sowie den Honig, Senfpulver und Chillies langsam erwärmen, alles zu einer glatten Glasur verrühren. Nach 80 Minuten mit einem Holzstäbchen prüfen, ob die Kartoffeln weich sind. Wenn ja, Kartoffeln und den Schinken aus dem Ofen nehmen. Den Schinken glasieren, wie links gezeigt. Anschließend den Schinken wieder in den Ofen schieben und noch 1 knappe weitere Stunde garen. Dabei den Schinken noch 4- bis 5mal mit der Glasur bepinseln. Inzwischen das Kraut und die Schupfnudeln zubereiten. Das Weißkraut vierteln, waschen, vom harten Strunk befreien und in dünne Streifen schneiden. Die Zwiebeln schälen, fein hacken. In einem Topf das Öl erhitzen, die Zwiebeln darin glasig anschwitzen. Das Kraut 10 Minuten mit-

schwitzen. Mit Salz, Zucker und Kümmel würzen, den Essig einrühren, Gemüsefond zugießen und das Kraut weitere 30 Minuten köcheln lassen. Die Kartoffeln aus der Folie wickeln, schälen. Das Mehl auf die Arbeitsfläche häufen, in die Mitte eine Mulde drücken. Salz, Ei und Eigelb hineingeben, die Kartoffeln noch warm durch die Presse kranzförmig auf den Mehlrand drücken und alles rasch zu einem glatten Teig verkneten. Kurz ruhen lassen und den Kartoffelteig zu 2 Strängen von etwa 3 cm Durchmesser rollen und mit Mehl bestauben. Mit einem breiten Messer 1 cm breite Stücke abschneiden. Diese mit der Hand zu Nudeln formen, die an beiden Enden spitz zulaufen. Die Schupfnudeln in leicht gesalzenem kochenden Wasser in 6 Minuten garziehen lassen. Mit dem Schaumlöffel herausheben, abtropfen lassen und in zerlassener Butter schwenken. Den Schinkenbraten aus dem Ofen nehmen, kurz stehen lassen, dann in Scheiben schneiden, mit dem Weißkraut und den Schupfnudeln servieren.

Spicken mit der Nadel: Die gleichmäßig stark geschnittenen Speckstreifen in die Spicknadel einlegen. Die Nadel dann längs zur Faser durch das Fleisch stechen und den Speck vorsichtig nachziehen.

Gespickter Schmorbraten

EIN ORDENTLICHES STÜCK RINDFLEISCH BRAUCHT ES SCHON FÜR DEN GROSSEN BRATEN, DAZU GIBT'S SEMMELKNÖDEL.

Mit grünem, das heißt rohem Speck gespickt, bleiben auch magere Stücke vom Rind wie die hier vorgesehene Schwanzrolle schön saftig.

Für 6 bis 8 Portionen
2 kg Rinderschmorbraten (Schwanzrolle)
60 g grüner Speck
Salz, frisch gemahlener schwarzer Pfeffer
3 EL Pflanzenöl, 200 g Röstgemüse
100 g Tomaten, 1 Lorbeerblatt, 800 ml Rinderfond
Für die Semmelknödel:
5 Brötchen vom Vortag, 1/8 l heiße Milch
80 g Zwiebeln, 20 g Butter
2 EL gehackte, glatte Petersilie
Salz, frisch gemahlener weißer Pfeffer
frisch geriebene Muskatnuß, 3 Eier

Das Rindfleisch parieren, das heißt, von Haut und Sehnen befreien und die Fleischabschnitte beiseite stellen. Den Braten entweder mit der Spicknadel spicken wie links oben gezeigt oder aber mit gefrorenen Speckstreifen wie in der Bildfolge rechts zu sehen ist. Dafür die gleichmäßig dick und entsprechend der Fleischgröße geschnittenen Speckstreifen auf Pergamentpapier vollständig durchfrieren lassen. Das Fleisch nach dem Spicken auf der Arbeitsfläche etwas hin und her rollen, damit sich Speck und Fleisch gut verbinden, salzen und pfeffern. Das Röstgemüse (Lauch, Zwiebel, Möhre, Knollensellerie) putzen oder schälen und klein würfeln. In einem großen Schmortopf das Öl erhitzen und den Braten darin rundum anbraten. Das Röstgemüse mit den Fleischabschnitten im Topf mitbraten. Geviertelte Tomaten, Stielansatz vorher entfernen, sowie das Lorbeerblatt einlegen, die Hälfte des Rinderfonds angießen. Den Braten zugedeckt bei 180 °C im vorgeheizten Ofen etwa 2 Stunden schmoren. Den restlichen Fond auf zweimal zugießen und das Fleisch immer wieder mit der Schmorflüssigkeit beträufeln. Inzwischen für die Semmelknödel die Brötchen in 5 mm dicke Scheiben schneiden,

mit heißer Milch übergießen und 20 Minuten ziehen lassen. Zwiebeln schälen, sehr fein hacken. In einer Pfanne die Butter zerlassen, die Zwiebelwürfel darin glasig anschwitzen, Petersilie und Gewürze einrühren, etwas abkühlen lassen. Die Eier sowie die gewürzten Zwiebeln mit zu den Brötchen geben und alles zu einem Teig verkneten, nochmals 10 Minuten ruhen lassen. Aus dem Teig 8 Knödel formen, in kochendes Salzwasser einlegen, die Hitze reduzieren und die Knödel in 20 Minuten garziehen lassen. Nach etwa 2 Stunden Schmorzeit das Fleisch herausnehmen, in Alufolie wickeln und 10 Minuten ruhen lassen. Die Sauce durch ein Sieb passieren, um 1/3 reduzieren und mit Salz und Pfeffer abschmecken. Den Braten in Scheiben schneiden, austretenden Bratensaft zur Sauce geben, mit den Semmelknödeln und der Sauce anrichten und servieren.

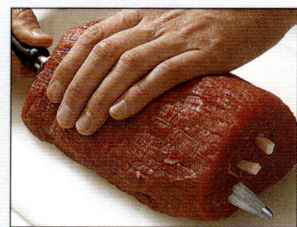

Mit einem Wetzstahl längs zur Faser durch das Rindfleisch stechen.

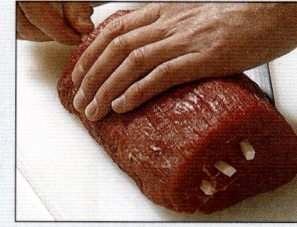

Die tiefgekühlten Speckstreifen jeweils sofort durch die Öffnung nachschieben.

Das Fleisch gleichmäßig spicken, überstehende Speckenden abschneiden.

Kalbsnierenbraten

IM BESTEN WORTSINNE »GUTBÜRGERLICH« – UND BEI
RICHTIGER ZUBEREITUNG EINE DELIKATESSE.

Nur das hochwertige, noch sehr helle Fleisch des
Milchkalbs sollte hier verwendet werden. Faust-
formel: Je dunkler das Fleisch, desto wahrschein-
licher war's schon ein kleines Rind ...

Für den Kalbsnierenbraten:
1 kg Kalbsnierenbraten
Salz, frisch gemahlener schwarzer Pfeffer
80 g Zwiebeln, 60 g Möhre, 80 g Knollensellerie
80 g Lauch, 5 EL Pflanzenöl
2 Thymianzweige, 800 ml Kalbsfond
Für die Kräuternudeln:
250 g Mehl, 2 Eier, 1 Eigelb, 2 EL Pflanzenöl
1/2 TL Salz, 20 g gemischte, feingehackte Kräuter
30 g Butter

1. Das Mehl für die Nudeln auf eine Arbeitsfläche
sieben, in die Mitte eine Mulde drücken. Eier, Eigelb, Öl, Salz und Kräuter (Salbei, Thymian, Petersilie, Frühlingszwiebelgrün) hineingeben und
mit einer Gabel verrühren. Nach und nach krei-
send das Mehl vom Rand einrühren, bis ein dickflüssiger Teig entsteht. Mit beiden Händen kräftig
kneten. Den glatten, festen Teig zur Kugel formen, in Folie wickeln und 1 Stunde ruhen lassen.

In Butter geschwenkte Kräuternudeln
passen besser zu dem Braten mit Thymian,
als die traditionell dazu gereichten Salzkartoffeln. Als optische und geschmackliche Ergänzung: halbierte Kirschtomaten,
auf der Schnittfläche in heißer Butter
kurz gebraten.

2. Den Kalbsnierenbraten rundum salzen und pfeffern. Zwiebeln, Möhre und Sellerie schälen, den Lauch putzen. Das Gemüse waschen und grob würfeln. In einem entsprechend großen Bräter das Öl erhitzen und den Braten darin von allen Seiten bei starker Hitze anbraten. Das Fleisch mit Gemüse und Thymian umlegen und in den auf 200 °C vorgeheizten Ofen schieben.

3. In einem separaten Topf den Kalbsfond erhitzen. Wenn das Gemüse zu bräunen beginnt, nach und nach den Fond angießen. Den Braten 1- bis 2mal wenden, wiederholt mit Bratensaft beschöpfen. Nach 70 bis 80 Minuten ist der Kalbsnierenbraten gar. Herausnehmen, das Fleisch in

Alufolie einwickeln und etwa 10 Minuten ruhen lassen. Die Sauce durch ein Sieb passieren, etwas reduzieren. Den in der Folie gesammelten Bratensaft zugießen, eventuell noch etwas einkochen.

4. Für die Tagliatelle den Teig mit der Nudelmaschine bis zur gewünschten Stärke ausrollen und mit dem entsprechenden Vorsatz in 4 mm breite Streifen schneiden. Die Nudeln in sprudelndem Salzwasser in 1 bis 2 Minuten al dente kochen.

5. Inzwischen den Braten in Scheiben schneiden. Die Kräuternudeln abgießen, in zerlassener Butter schwenken und mit dem Kalbsnierenbraten und etwas Sauce anrichten.

Bohnenfleisch

ZWEIMAL BOHNEN – KERNE UND SCHOTEN –, KOMBINIERT
MIT GEPÖKELTEM, EIN HERZHAFTES EINTOPFGERICHT.

Gepökelte Schweineschulter hat der Fleischer heute meist nicht vorrätig. Wer dieses deftig-würzige Rezept einmal ausprobieren will, sollte daher daran denken, diese vorzubestellen. Rechtzeitig, nämlich am Vorabend, müssen zudem die weißen Bohnen eingeweicht werden, damit sie nach der angegebenen, knapp 1 1/2stündigen Garzeit auch weich sind.

200 g getrocknete weiße Bohnen
1,2 l Fleischbrühe
1 kg gepökelte Schweineschulter
200 g Möhren
500 g festkochende Kartoffeln
250 g grüne Bohnen
100 g Lauch
1 Zweig Bohnenkraut
Salz
frisch gemahlener schwarzer Pfeffer
2 EL gehackte Petersilie

1. Die weißen Bohnen in einer Schüssel mit kaltem Wasser bedecken und über Nacht stehen lassen. Am darauffolgenden Tag die Bohnen abseihen und das Einweichwasser wegschütten.

2. In einem genügend großen Topf die Fleischbrühe zum Kochen bringen. Die Hitze reduzieren und die weißen Bohnen darin zugedeckt etwa 30 Minuten köcheln lassen. In der Zwischenzeit das Pökelfleisch in etwa 3 cm große Würfel schneiden, zu den Bohnen geben und weitere 20 Minuten mitkochen.

3. Die Möhren und Kartoffeln schälen. Möhren längs halbieren und die Hälften in 1 cm große Stücke, die Kartoffeln in 2 cm große Stücke schneiden. Die grünen Bohnen waschen, Enden und Fäden entfernen und in etwa 3 cm lange Stücke brechen. Den Lauch putzen, gründlich waschen und in 1 cm breite Ringe schneiden.

4. Sind insgesamt 50 Minuten der Garzeit um, die Kartoffelstücke untermischen. Nach 10 Minuten die Möhren zufügen und nach weiteren 5 Minuten die grünen Bohnen sowie das Bohnenkraut. Nach nochmals 5 Minuten Kochzeit den Lauch einlegen und diesen noch etwa 3 Minuten mitgaren.

5. Den fertigen Bohnentopf nach Belieben mit Salz und Pfeffer würzen und die gehackte Petersilie einstreuen. Alles gut vermengen, auf vorgewärmten Tellern anrichten und servieren. Dazu paßt eine Scheibe kräftiges Landbrot ganz ausgezeichnet.

Kalbsfrikassee

DER KLASSIKER DER BÜRGERLICHEN KÜCHE – HIER IN EINER
EDELVARIATION MIT GRÜNEM SPARGEL UND FLUSSKREBSEN.

1 kg Kalbfleisch aus der Keule
50 g Möhren, 100 g Zwiebeln
50 g Stangensellerie, 50 g Lauch
80 g Butter, Salz, frisch gemahlener weißer Pfeffer
10 g Mehl, 1/8 l Weißwein, 1 Lorbeerblatt
1/2 l Kalbsfond
4 Stengel Petersilie, 2 Thymianzweige
1/4 l Sahne, 1 Eigelb, 1 TL Zitronensaft
Außerdem:
250 g grüner Spargel, Salz
16 lebende Flußkrebse (Signalkrebse, je etwa 70 g)
Kerbelblättchen zum Garnieren

Zunächst den grünen Spargel und die Krebse vorbereiten. Vom Spargel die Enden abschneiden,
nur das untere Drittel dünn schälen. In leicht
gesalzenem, sprudelndem Wasser 8 Minuten kochen. Der Spargel sollte dabei vom Wasser nur
eben bedeckt sein. Herausnehmen, kalt abschrecken, die Stangen in 10 cm lange Stücke
schneiden und beiseite stellen. Die Krebse nacheinander 5 Minuten in fortwährend sprudelnd
kochendem Wasser garen, herausnehmen, etwas
abkühlen lassen. Die gekochten Krebse ausbre-
chen: Den Krebsschwanz vom Kopf abdrehen.
Den Schwanzfächer ebenfalls abdrehen und den
anhängenden Darm vorsichtig herausziehen. Mit
einer Schere an der Bauchseite aufschneiden und
das Fleisch auslösen. Scheren ebenfalls abdrehen,
vorsichtig aufknacken und das Fleisch herausziehen. Das ausgelöste Krebsfleisch kühl stellen. Das
Kalbfleisch 2 cm groß würfeln. Möhren und Zwiebeln schälen, Stangensellerie und Lauch putzen,
waschen. Das Gemüse kleinschneiden und weiterverfahren, wie in den ersten 4 Steps der Bildfolge gezeigt. Petersilie, Thymian sowie die Krebs-
karkassen zufügen und zugedeckt weitere
40 Minuten schmoren. Das Fleisch mit einer Gabel ausstechen, zugedeckt warm halten und mit
der Schmorflüssigkeit die Sauce zubereiten, wie
im letzten Bild rechts gezeigt. Die Sahne
zugießen, die Flüssigkeit auf 1/3 reduzieren und

die Sauce mit dem Eigelb legieren. Mit Salz, Pfeffer und Zitronensaft abschmecken. Fleischwürfel,
Krebsfleisch sowie die Spargelstücke in der Sauce
langsam erhitzen. Mit Kerbel bestreut servieren.

Die Hälfte der Butter zerlassen und das Gemüse
darin unter ständigem Rühren anschwitzen, ohne es
Farbe nehmen zu lassen.

Das Kalbfleisch salzen,
pfeffern, in die Pfanne auf
das Gemüse legen, rundum
leicht anbraten, aber nicht
braun werden lassen.

Die Fleischwürfel mit Mehl
bestauben, die restliche
Butter in Flöckchen dar-
über verteilen und die
Fleischstücke wenden.

Weißwein zugießen, Lor-
beerblatt einlegen. Das
Fleisch etwa 15 Minuten
dünsten. Erneut wenden,
den Kalbsfond zugießen.

Die Schmorflüssigkeit
durch ein Sieb passieren,
den Siebinhalt leicht ausdrücken und die Schmor-
flüssigkeit erneut erhitzen.

Ochsenschwanzragout

ZARTES FLEISCH MIT WÜRZIGEM GESCHMACK – DAZU
PASSEN NUDELN UND DÜNNE GEMÜSESTREIFEN.

1,5 kg Ochsenschwanz, in einzelnen Segmenten
Salz, frisch gemahlener weißer Pfeffer
25 g Mehl, 3 EL Sonnenblumenöl, 25 g Butter
250 g geschälte Zwiebeln, in Vierteln
250 g geschälte Perlzwiebeln
150 g geschälte Schalotten, 1/2 EL Tomatenmark
1/2 TL Olivenöl, 1/8 l Madeira
1/4 l kräftiger Rotwein, 300 ml Rinderfond
Für das Gemüsebouquet:
1 Möhre, 1 Stengel Stangensellerie, 1/2 Stange Lauch
1/2 Bund Petersilie, 1 Thymianzweig
Für das Schildkrötengewürz:
je 1 Messerspitze Kümmel und Fenchelsamen
je 1 Prise Majoran, Oregano und Curry
je 1 TL Koriandersamen und Senfkörner
1 kleiner Thymianzweig, 3 Nelken
50 schwarze und 30 weiße Pfefferkörner

1. Die Ochsenschwanzstücke salzen, pfeffern
und in Mehl wenden, überschüssiges Mehl abklopfen. In einem großen feuerfesten Topf das Öl

Zum Schmoren ideal. Stücke
vom Ochsenschwanz brauchen
allerdings zum Garen ihre Zeit,
aufgrund des hohen Bindege-
websanteils. Nach 2 1/2 bis
3 Stunden im Ofen werden sie
dann aber saftig-zart. Und der
hohe Knochen- und Knorpel-
anteil sorgt zudem für eine
kräftige Sauce.

erhitzen und die Fleischstücke darin rundum gut anbraten. Das Öl abgießen, die Butter zufügen. Sämtliche Zwiebeln zugeben und bei 200 °C im vorgeheizten Ofen die Zwiebeln in 5 bis 10 Minuten zusammenfallen lassen.

2. In einem Pfännchen Tomatenmark und Olivenöl anschwitzen, auf den Zwiebeln verteilen. Restliches Mehl darüber stauben, einige Minuten verkrusten lassen. Mit Madeira ablöschen, diesen reduzieren. Den Rotwein in 3 Portionen angießen und jeweils einkochen lassen.

3. Die Zutaten für das Gemüsebouquet putzen, waschen und mit Küchengarn zusammenbinden. Das Gemüsebouquet in den Fleischtopf einlegen und nach und nach den Rinderfond angießen.

Den Ochsenschwanz etwa 2 1/2 Stunden im Ofen schmoren – er ist fertig, wenn sich das Fleisch leicht vom Knochen löst.

4. Inzwischen für das Schildkrötengewürz alle Zutaten im Mörser fein vermahlen. Den Ochsenschwanz aus dem Ofen nehmen. Die Fleischstücke ausstechen, mit einem heißen, nassen Tuch bedecken, damit sie nicht austrocknen. Die Sauce mit Salz abschmecken, etwas Schildkrötengewürz einstreuen und am Herdrand noch etwa 1/4 Stunde durchziehen lassen. Die Sauce im heißen Ofen nochmals aufkochen, anschließend passieren, dabei die Zwiebeln nur leicht ausdrücken. Die Ochsenschwanzstücke wieder in die Sauce einlegen und mit Nudeln sowie dünnen blanchierten Gemüsestreifen servieren.

Rindsrouladen

GEROLLT, GEBUNDEN UND GESCHMORT – DAZU
SCHMECKT ALS BEILAGE KARTOFFELSCHNEE.

Rouladen schneidet man am besten aus der Oberschale oder einem anderen Keulenstück vom Rind. Die Füllung besteht klassischerweise aus Speck, Gurken und Zwiebeln. Möglich sind aber auch andere Kombinationen – etwa gewürztes Hackfleisch oder Sauerkraut – der eigenen Fantasie sind hier keine Grenzen gesetzt.

Für die Rinderrouladen:
4 Rinderrouladen aus der Oberschale (je etwa 180 g)
Salz, frisch gemahlener weißer Pfeffer
90 g Gewürzgurken, 100 g Zwiebeln
60 g Räucherspeck (in 8 dünnen Scheiben)
2 schwach gehäufte TL edelsüßes Paprikapulver
20 g Mehl
80 g Möhren
60 g Petersilienwurzel
1 Knoblauchzehe
80 g Stangensellerie
80 g Lauch
4 EL Pflanzenöl
20 g Tomatenmark
1/8 l Rotwein
400 ml Rinderfond
Für den Kartoffelschnee:
500 g mehligkochende Kartoffeln
Salz, 4 Butterröllchen
Außerdem:
Küchengarn für die Rouladen

Die Rouladen einzeln zwischen Klarsichtfolie plattieren, das heißt, mit dem Plattiereisen gleichmäßig flachklopfen. Die Rouladen salzen und pfeffern. Die Gewürzgurken längs in etwa 5 mm dicke Streifen schneiden. Die Zwiebeln schälen, halbieren und in Scheiben schneiden. Die Rouladen belegen und zusammenrollen, wie in der Bildfolge rechts gezeigt. Das überschüssige Mehl von den Rouladen abklopfen. Möhren, Petersilienwurzeln und Knoblauch schälen, Stangensellerie und Lauch putzen, alle Gemüse klein würfeln. In einem Schmortopf das Öl erhitzen und die Rouladen darin rundum anbraten, dann aus dem Topf nehmen. Das kleingewürfelte Gemüse mitanschwitzen. Das Tomatenmark einrühren, alles mit Rotwein ablöschen und diesen kurz einkochen lassen. Den Fond zugießen, die Rouladen wieder einlegen und bei geringer Hitze zugedeckt 45 bis 60 Minuten köcheln lassen. Für den Kartoffelschnee die Kartoffeln schälen, vierteln und in kochendem Salzwasser 20 Minuten kochen. Die Rouladen nach dem Ende der Garzeit wieder herausnehmen und warm halten. Die Schmorflüssigkeit durch ein feines Sieb passieren, etwas einkochen lassen, die Rouladen wieder einlegen. Die Kartoffeln abgießen, leicht ausdampfen lassen und durch die Kartoffelpresse drücken. Die fertigen Rouladen mit dem mit Butterflöckchen belegten Kartoffelschnee und der Sauce auf vorgewärmten Tellern anrichten.

Die plattierten Rouladen auf einer Arbeitsfläche ausbreiten, je mit 2 Scheiben Speck, Gurken- und Zwiebelscheiben belegen.

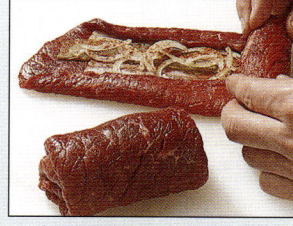

Mit Paprikapulver bestauben, die Rouladen an den Seiten einschlagen und von der schmalen Seite her aufrollen.

Die gefüllten, aufgerollten Rouladen mit Küchengarn zusammenbinden und jeweils leicht mit Mehl bestauben.

Böfflamod

EIN RINDERSCHMORBRATEN MIT GESCHICHTS-TRÄCHTIGEN FRANZÖSISCHEN WURZELN.

Nicht nur dem Namen nach dem großen französischen Vorbild »Boeuf à la mode« entlehnt: Die bavarische Variante des berühmten Schmorbratens kann seinem Pendant allemal ohne Scheu das Wasser reichen. Das Rezept, von dem behauptet wird, es sei durch die Soldaten Napoleons ins Alpenland gelangt, wird hier wie dort besonders schmackhaft, wenn das verwendete Rindfleisch gut abgehangen ist. Im Bayerischen ißt man dazu am liebsten deftige Knödel aus gekochten Kartoffeln. Als Tischwein zum Böfflamod empfiehlt sich der Rotwein, der auch zum Kochen eingesetzt wurde: Vorzugsweise ein Spätburgunder aus der Pfalz, von der Ahr oder aus dem Badischen.

1 kg Rindfleisch aus Schulter oder Unterschale
Salz
Für die Beize:
100 g Zwiebeln, 2 Gewürznelken
80 g Möhren
50 g Knollensellerie, 30 g Lauch
1 l Wasser, 1/8 l Weinessig
1/4 l Rotwein
2 bis 3 Lorbeerblätter
6 Wacholderbeeren
6 schwarze Pfefferkörner, zerdrückt
Für die Sauce:
30 g Butter
1 Saucenlebkuchen, 1 TL Zucker, 10 g Mehl
Salz, frisch gemahlener Pfeffer
100 ml Sahne

Das Fleisch unter fließendem kalten Wasser waschen, trockentupfen und in eine entsprechend große, flache Form legen. Für die Beize die Zwiebeln schälen, halbieren und mit den Gewürznelken spicken. Möhren, Sellerie und Lauch

Das Gemüse und die Zwiebelhälften zufügen, einmal aufkochen. Vom Herd stellen und etwas auskühlen lassen. Die abgekühlte Beize über das Fleisch gießen, im Kühlschrank 5 bis 8 Tage marinieren, dabei das Fleisch immer wieder wenden. Das Fleisch kochen, wie im Text beschrieben. Wenn es gar ist, die Sauce zubereiten. Die Beize durch ein mit einem Tuch ausgelegtes Sieb passieren, 1/2 l davon auffangen.

putzen, waschen und das Gemüse in grobe Würfel schneiden. In einem Topf Wasser, Essig und Rotwein zusammen mit den zerteilten Lorbeerblättern, den Wacholderbeeren sowie den zerdrückten Pfefferkörnern zum Kochen bringen. Weiterverfahren, wie in den ersten beiden Bildern links gezeigt. Das Fleisch aus der Beize nehmen. Die Beize in einem entsprechend großen Kochtopf aufkochen, das Fleisch einlegen, salzen. Die Hitze reduzieren und das Fleisch in 1 1/2 bis 2 Stunden garen, dabei öfters wenden. Das Fleisch herausnehmen und weiterverfahren, wie im letzten Bild links gezeigt. In einer Kasserolle die Butter zerlassen, den zerbröselten Lebkuchen

sowie den Zucker einstreuen, unter ständigem Rühren mit Mehl bestauben und glattrühren, 1/2 l der aufgefangenen Beize zugießen und 10 Minuten bei mittlerer Hitze köcheln lassen. Mit Salz und Pfeffer abschmecken, die Sahne einrühren. Das Fleisch in Scheiben schneiden und in der Sauce nochmals kurz erhitzen. Als Beilage zum Böfflamod passen hervorragend Kartoffelknödel und Gemüse, etwa junge Brokkoliröschen.

Boeuf à la mode oder Böfflamod – beiden gemein ist das einwöchige Bad in einer Beize aus Rotwein, Essig und Gewürzen. Danach ist das Fleisch besonders zart und die Sauce schön kräftig.

Rouladen vom Schwein

MIT EINER PIKANTEN FÜLLUNG AUS GEMÜSE, RINDERHACK UND
KAPERN – DAZU GOLDGELB GEBACKENE HERZOGINKARTOFFELN.

4 Schweineschnitzel (von je etwa 120 g)
50 g Möhren, 30 g Lauch, 30 g Knollensellerie
20 g Petersilienwurzel, 50 g Zwiebel
15 g Kapern, in Salz eingelegt
1 EL Pflanzenöl, 3 Thymianzweige
1 kleiner Rosmarinzweig, 125 g Rinderhack
1 schwach gehäufter EL edelsüßes Paprikapulver
1 EL gehackte glatte Petersilie
Salz, frisch gemahlener Pfeffer, 3 EL Pflanzenöl
Für die Herzoginkartoffeln:
600 g gekochte mehligkochende Kartoffeln
3 Eigelbe, frisch geriebene Muskatnuß
Salz, 100 g zerlassene Butter, 1 EL Sahne
Für die Sauce:
100 g Röstgemüse (Möhren, Lauch, Zwiebel, Sellerie)
1 EL Tomatenmark
1/4 l Weißwein, 300 ml Fleischbrühe
Außerdem:
Butter und Mehl für das Blech

Die Kartoffeln schälen, durch die Kartoffelpresse
in eine Schüssel drücken. Mit 2 Eigelben, den Gewürzen und der Butter vermischen. Die Masse in
eine Spritztüte (Sterntülle Nr. 10) füllen und auf
ein gebuttertes, leicht bemehltes Blech 12 Rosetten spritzen. Mit Folie bedecken und beiseite stellen. Die Schnitzel plattieren, wie im ersten Bild
rechts gezeigt, anschließend kühl stellen. Für die
Füllung das Gemüse putzen oder schälen, sehr
fein würfeln. Das Salz von den Kapern schütteln,
diese fein hacken und weiterverfahren, wie im
zweiten Bild gezeigt. Das Gemüse vom Herd nehmen, etwas abkühlen lassen und die Kräuter entfernen. Das Rinderhack in einer Schüssel mit dem
angeschwitzten Gemüse und den Kapern vermengen. Paprikapulver und Petersilie einstreuen,
alles gut vermischen. Die Schnitzel salzen und
pfeffern, nebeneinander auf einer Arbeitsfläche
auslegen und füllen, wie im letzten Bild gezeigt.
Die Rouladen quer aufspießen. In einem Bräter
das Öl erhitzen, die Rouladen von beiden Seiten
anbraten, herausnehmen. Das Röstgemüse putzen
oder schälen, grob würfeln, im Bräter hell
anschwitzen. Das Tomatenmark einrühren, kurz
mitschwitzen, mit der Hälfte des Weins ablöschen. Diesen vollständig einkochen lassen. Den
restlichen Wein zugießen, nochmals etwas reduzieren. Die Brühe zugießen, die Rouladen einlegen und bei 200 °C im vorgeheizten Ofen 30 bis
35 Minuten garen, dabei die Rouladen immer wieder mit dem Bratfond beträufeln. Das restliche
Eigelb mit der Sahne verrühren und die Kartoffel-
rosetten damit bestreichen. Nach 15 Minuten der
Rouladen-Garzeit die Herzoginkartoffeln in den
Ofen schieben und mitbacken. Die Rouladen herausnehmen, warm halten. Die Sauce auf 1/3 reduzieren, abschmecken. Die Rouladen vom Spieß
nehmen, wieder in die Sauce legen und mit den
Herzoginkartoffeln servieren.

Die Schweineschnitzel zwischen Klarsichtfolie legen
und mit dem Plattiereisen
gleichmäßig flach klopfen,
»plattieren«, wie es in der
Fachsprache heißt.

In einer Pfanne das Pflanzenöl erhitzen und die
Gemüsewürfel sowie die
Thymian- und Rosmarin-
zweige darin 3 bis 4 Minuten farblos anschwitzen.

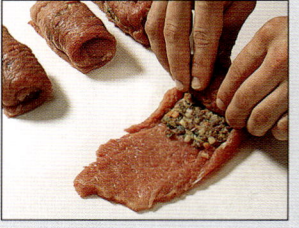

Die Schnitzel gleichmäßig
mit der Füllung bestreichen,
dabei ringsum einen
schmalen Rand freilassen.
An den Seiten leicht ein-
schlagen und aufrollen.

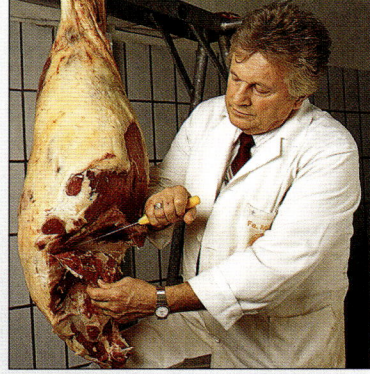

Engelbert Miedler,
Fleischhauer in den
Wiener Markthallen,
kennt sich aus in
seinem Metier: Er
schneidet sein aus-
gesucht hochwertiges
Rindfleisch nach der
Wiener Schule, die
ein Rind in mehr
Teile als überall sonst
auf der Welt zerlegt.

Tafelspitz

LANGSAM IN DER BRÜHE GEGART: MAGER, BEKÖMMLICH UND DOCH VOLLER GESCHMACK.

Nicht von ungefähr sind österreichische Rind-
fleischgerichte weltberühmt. Mastochsen von einheimischen Weiden liefern das begehrte, feinfase-
rige Fleisch. Im Alter von 2 Jahren weist das
Fleisch der Tiere die gewünschte Marmorierung
auf, die Garant ist für Zartheit und Geschmack.

Für den Tafelspitz:
100 g Möhren, 80 g Stangensellerie, 80 g Lauch
60 g Zwiebel, Salz, 1 kg Tafelspitz, 1 Lorbeerblatt
5 zerstoßene schwarze Pfefferkörner
3 Stengel Petersilie
Für die Schnittlauchsauce:
100 g Weißbrot ohne Rinde, 1/4 l Milch
2 gekochte Eigelbe, 2 rohe Eigelbe
Salz, frisch gemahlener weißer Pfeffer
1 Spritzer Weißweinessig
1 Messerspitze Estragonsenf, etwas Zucker
400 ml Pflanzenöl, 2 EL feingeschnittener Schnittlauch
Für den Apfelkren:
2 säuerliche Äpfel (insgesamt etwa 350 g)
2 gehäufte EL frisch geriebener Kren (Meerrettich)
Salz, etwas Zitronensaft
Außerdem:
1/2 Bund Schnittlauch

Eine gebräunte Zwiebel
gibt der würzigen Brühe
die richtige Farbe, und die
zwei verschiedenen Saucen
– einmal cremig, einmal
scharf – sind eine gute
Ergänzung zum Tafelspitz.

1. Die Möhren schälen, Stangensellerie sowie
Lauch putzen, waschen und alles in grobe Stücke
schneiden. Die ungeschälte Zwiebel halbieren
mit der Schnittfläche nach unten auf der Herdplat-
te bräunen, bis die Hälften dunkelbraun sind.

2. In einem Topf etwa 2 1/2 l Wasser mit 1 TL
Salz zum Kochen bringen. Den Tafelspitz einlegen, Gewürze, Petersilie und die Zwiebelhälften
zufügen. Zugedeckt 1 1/2 bis 2 Stunden bei geringer Hitze köcheln lassen, den aufsteigenden
Schaum abschöpfen. 30 Minuten vor Ende der
Garzeit das Gemüse mitkochen.

3. Inzwischen für die Schnittlauchsauce das Weißbrot in der Milch einweichen, ausdrücken und mit den gekochten Eigelben durch ein feines Sieb streichen. Mit den rohen Eigelben und den Gewürzen im Mixer pürieren. Das Öl bei laufendem Mixer zuerst tropfenweise, dann in dünnem Strahl zugießen. Weiterrühren, bis die Sauce eine sämige Konsistenz hat. Den Schnittlauch erst kurz vor dem Servieren untermischen.

4. Für den Apfelkren die Äpfel schälen, in Viertel teilen und das Kerngehäuse entfernen. In einem kleinen Topf mit etwas Wasser weich dünsten,

anschließend im Mixer fein pürieren. Mit dem Kren vermischen und die Sauce mit Salz und Zitronensaft abschmecken.

5. Nach Ende der Kochzeit Fleisch und Gemüse aus der Brühe heben. Das Fleisch vor dem Aufschneiden kurz ruhen lassen, dann in Scheiben schneiden. Den Tafelspitz auf vorgewärmten Tellern anrichten, mit etwas Brühe übergießen und mit dem gekochten Gemüse umlegen. Mit Schnittlauchröllchen bestreut servieren. Die beiden Saucen separat dazu reichen. Als Beilage passen sehr gut Bouillonkartoffeln.

Wiener Schnitzel

AUS KALBFLEISCH MÜSSEN SIE SEIN, DÜNN, GOLDGELB UND KNUSPRIG AUSGEBACKEN.

Kaum ein Gericht der vielseitigen Wiener Küche ist so berühmt geworden wie das »Wiener Schnitzel«, vom »Backhendl« vielleicht einmal abgesehen. Fleisch spielte in der Küche der k.k.-Metropole seit jeher eine wichtige Rolle, daß nun aber gerade das »Wiener Schnitzel« so beliebt wurde, liegt wohl nicht zuletzt daran, daß es im Grunde ein einfaches und zugleich doch raffiniertes Gericht ist. Bei seiner Zubereitung ist zu beachten, daß das Fleisch gut geklopft sein will und man die Semmelbrösel nicht zu fest andrücken sollte. Nach dem Panieren die Schnitzel möglichst sofort in ausreichend heißem Schmalz, geklärter Butter oder einem Butter-Öl-Gemisch wie hier braten.

Goldgelb umhüllt von knuspriger Panade, bleibt das Fleisch beim Braten schön saftig. Klassischerweise wird es »trocken«, das heißt ohne Sauce, nur mit Zitrone und Petersilie garniert, auf den Tisch gebracht.

Für die Wiener Schnitzel:
4 Kalbsschnitzel aus der Oberschale (je etwa 150 g)
Salz, frisch gemahlener schwarzer Pfeffer
Für die Panade:
30 g Mehl
150 g Semmelbrösel, 2 Eier

Für die Petersilienkartoffeln:
500 g kleine, festkochende Kartoffeln
Salz, 50 g Butter
2 EL gehackte, glatte Petersilie
Für den Salat:
1/2 Kopfsalat, 600 g Salatgurke
Salz, 80 ml Sahne
frisch gemahlener schwarzer Pfeffer
1 Prise Zucker
Außerdem:
30 g Butter, 3 EL Pflanzenöl zum Braten

1. Die Kalbsschnitzel einzeln zwischen Klarsichtfolie plattieren, das heißt mit dem Plattiereisen gleichmäßig flachklopfen, und bis zur weiteren Verwendung kühl stellen. Die Kartoffeln schälen und etwa 20 Minuten in Salzwasser kochen

2. Den Salat putzen, waschen, trockenschleudern und in mundgerechte Stücke zupfen. Die Gurke schälen, in dünne Scheiben schneiden, in einer Schüssel leicht salzen und 15 Minuten ziehen lassen. Die Gurken etwas ausdrücken und mit dem Salat in Schälchen anrichten. Für die Sauce die Sahne mit Salz und den Gewürzen verquirlen.

3. Die Kartoffeln abgießen und etwas ausdampfen lassen. In einer Pfanne die Butter zerlassen, die gehackte Petersilie einstreuen, die Kartoffeln darin kurz schwenken und warm halten.

4. Die Kalbsschnitzel auf beiden Seiten mit Salz und Pfeffer würzen. Das Mehl und die Semmelbrösel jeweils auf einen Teller geben. Die Eier in einem weiteren tiefen Teller gut verquirlen. Die Schnitzel zuerst in Mehl wenden – überschüssiges Mehl gut abklopfen –, durch die verquirlten Eier ziehen, dann die Schnitzel in den Semmelbröseln wenden, diese nicht zu fest andrücken.

5. In einer großen Pfanne die Butter und das Öl erhitzen und die panierten Schnitzel darin auf beiden Seiten in jeweils 2 bis 3 Minuten goldbraun und knusprig braten. Den Salat mit der Sauce übergießen. Die Wiener Schnitzel auf vorgewärmten Tellern anrichten, die Petersilienkartoffeln und den Salat separat dazu servieren.

Die Schnitzel unmittelbar vor dem Verzehr mit Zitronensaft beträufeln. Umwickelt man die Zitronenhälfte dafür mit Gaze, läßt sie sich ausdrücken, ohne daß Kerne auf das Fleisch fallen.

Schaffleisch mit Chabis

EIN WÄHRSCHAFTES ESSEN AUS DER INNERSCHWEIZ FÜR DIE
LANGEN UND KÜHLEN HERBSTABENDE.

Nicht nur Graubünden, das Tessin, Engadin oder das Wallis haben kulinarisch einiges zu bieten, auch die Regionalküchen der Innerschweiz überraschen mit delikaten oder deftigen Spezialitäten, bei denen sich ganz unterschiedliche Küchentraditionen vermischen. Die Küche des Kantons Uri etwa weist neben der Nordschweizer Kochtradition auch schon deutlich südliche Einflüsse auf. Knoblauch und Kräuter, in diesem Fall Majoran, kommen dort in den Schaffleischtopf, ganz im Gegensatz zum benachbarten Emmental. Dort hält sich das »Schafsvoressen« eher an bewährtes Suppengemüse wie Lauch, Möhren und Sellerie. Der hier vorgestellte deftige Eintopf mit Chabis (Kraut) und Kartoffeln, der zur Zeit der »Chilbi«, der Kirchweih, Saison hat, vertreibt die Kälte schnell und läßt den Wintereinbruch erträglicher scheinen. Wem übrigens das Schaffleisch zu kräftig im Geschmack ist, der kann dies ganz leicht zuzubereitende Eintopfgericht auch einmal mit Lammfleisch probieren.

1 kg Schaffleisch (aus der Schulter oder Keule)
200 g Zwiebeln
700 g Weißkraut
2 Knoblauchzehen
5 EL Pflanzenöl
Salz, frisch gemahlener schwarzer Pfeffer
400 ml Lammfond
2 Zweige Majoran
600 g kleine festkochende Kartoffeln
1 EL glatte Petersilienblättchen

1. Das Schaffleisch in etwa 4 cm große Würfel schneiden. Die Zwiebeln schälen und in dünne Ringe schneiden. Von dem Weißkraut die äußeren Blätter entfernen. Den Krautkopf halbieren, vierteln, jeweils den harten Strunk herausschneiden und das Kraut in Streifen schneiden. Die Knoblauchzehen schälen und halbieren.

2. In einem entsprechend großen Topf das Pflanzenöl erhitzen. Die Fleischwürfel salzen, pfeffern und im heißen Öl rundum anbraten. Wenn sie von allen Seiten leicht gebräunt sind, die Fleischwürfel wieder herausnehmen und bis zur weiteren Verwendung beiseite stellen.

3. Die Zwiebelringe in dem im Topf verbliebenen Öl bei mittlerer Hitze glasig anschwitzen. Das in Streifen geschnittene Kraut unter die Zwiebeln mischen, kurz mitschwitzen. Den Lammfond zugießen. Die Schaffleischwürfel wieder zufügen und die Knoblauchhälften sowie die beiden Majoranzweige einlegen. Mit Salz und Pfeffer würzen und alles zugedeckt bei geringer Hitze insgesamt 40 bis 45 Minuten schmoren.

4. In der Zwischenzeit die Kartoffeln schälen und quer halbieren. Während der letzten 15 Minuten der Garzeit des Fleisches die Kartoffeln mit in den Topf geben. Den Eintopf vom Herd stellen, mit Salz und Pfeffer abschmecken, alles nochmals gut durchrühren, mit den Petersilienblättchen bestreuen und mit dunklem Landbrot servieren.

**Als Begleitung verlangt
der Schaffleischtopf**
weniger nach weiteren
Beilagen als vielmehr
nach einem guten, kräftigen
Rotwein aus den schweizerischen Nachbarkantonen.

Leberspiessli mit Knoblauchsauce

AUF DEM ROST GEGRILLTE ZARTE KALBSLEBER – SERVIERT MIT EINEM KNACKIG-FRISCHEN »NÜSSLI-SALAT«.

Mit »Nüssli« wird nicht etwa eine spezielle schweizerische Nußsorte bezeichnet, vielmehr heißt dort der Feldsalat so. In knackigen Röschen belassen und angemacht mit einer milden Vinaigrette, ist er die richtige Begleitung zu den Leberspiessli, die übrigens nicht zu lange gegrillt werden dürfen, da die Leber sonst trocken und zäh wird.

Für die Leberspieße:
400 g Kalbsleber am Stück
80 g luftgetrockneter, durchwachsener Speck
12 Salbeiblätter, 3 EL Pflanzenöl
Salz, grob zerstoßener schwarzer Pfeffer
Für die Sauce:
3 Sardellenfilets, in Salz eingelegt, 2 Knoblauchzehen
2 Eigelbe, 120 ml Olivenöl
Schale und Saft von 1/2 unbehandelten Zitrone
frisch gemahlener schwarzer Pfeffer, Salz
Für den Nüssli-Salat:
150 g Nüssli (Feldsalat)
30 g Schalotten, 40 g rote Paprikaschote
2 EL Weißweinessig, 4 EL Pflanzenöl
Salz, frisch gemahlener schwarzer Pfeffer
etwas Zucker
Außerdem:
4 Holzspießchen von etwa 20 cm Länge

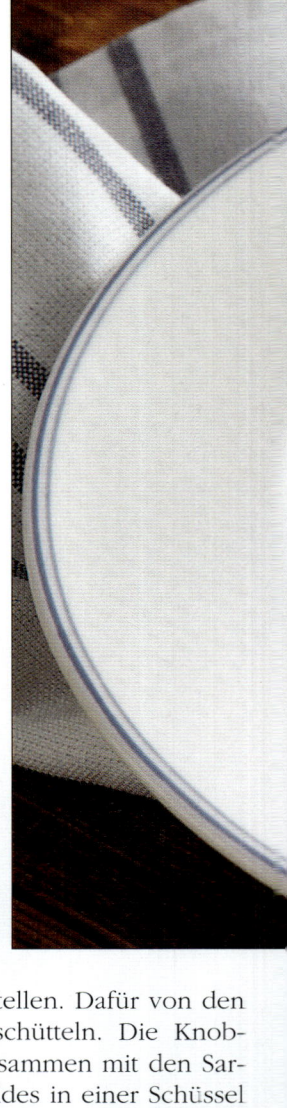

Von einer zartrosa Farbe sollte die Leber innen noch sein, dann ist sie genau richtig. Den geschmacklichen Kontrast bringt die Knoblauchsauce.

1. Zunächst die Sauce herstellen. Dafür von den Sardellen das Salz gut abschütteln. Die Knoblauchzehen schälen und zusammen mit den Sardellenfilets fein hacken. Beides in einer Schüssel mit den Eigelben zu einer glatten Paste verrühren. Das Öl langsam – erst tropfenweise, dann in dünnem Strahl – untermischen, dabei ständig rühren. Mit Zitronensaft und -schale sowie Pfeffer würzen, je nach Bedarf salzen und beiseite stellen.

2. Die Zutaten für den Salat vorbereiten. Den Nüssli-Salat sorgfältig putzen – die Blättchen sollen noch zusammenhalten –, waschen und mit der Salatschleuder gut trockenschleudern. Die Schalotten schälen und in feine Ringe

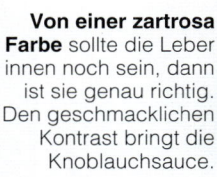

schneiden. Die Paprikaschote halbieren, Samen und Scheidewände entfernen und das Fruchtfleisch sehr klein würfeln. Aus Weißweinessig, Öl, Salz, Pfeffer und Zucker eine Vinaigrette herstellen. Salat und Sauce separat beiseite stellen.

3. Von der Leber mit einem spitzen Messer alle Häutchen und Sehnen entfernen. Die Leber in Würfel von etwa 3 cm Kantenlänge schneiden. Den Speck in 4 lange Scheiben schneiden, alle Knorpel und die Schwarte entfernen.

4. Die Spieße bestücken und zwar so, daß der Speck die Leber ziehharmonikaartig umhüllt. Auf diese Weise bleibt die Kalbsleber zarter und trocknet weniger aus. Dafür jeweils mit einer Speckscheibe beginnen, dann einen Würfel Leber

sowie 1 Salbeiblatt aufspießen. Den Speck darumwickeln und feststecken. Darauf folgt wieder ein Leberwürfel, 1 Salbeiblatt und so fort. Auf diese Weise weiterverfahren, bis alle 4 Spieße gleichmäßig bestückt und sämtliche Leberwürfel verbraucht sind.

5. Die Leberwürfel von allen Seiten mit Öl bepinseln und auf dem heißen Grill 5 bis 6 Minuten grillen, dabei öfters wenden. Mehrmals mit Öl bepinseln und die Leberspießchen salzen und pfeffern.

6. Den Salat auf vier Teller verteilen und mit der Vinaigrette beträufeln. Die Leberspießchen und etwas Knoblauchsauce neben dem Salat anrichten. Die restliche Knoblauchsauce separat dazu reichen. Mit knusprigem Landbrot servieren.

Salbei – ein typisch mediterranes Gewürz. Schon im alten Rom wußte man seine Heilkraft zu schätzen. Daher auch der botanische Name »Salvia«, der sich vom lateinschen »salvare« (heilen) ableitet.

Braciole di vitello

KALBSKOTELETTS, HIER SERVIERT MIT EINER AROMATISCHEN SALBEIBUTTER.

Typisch für den Süden Italiens die Gemüsebeilage: Spinat, der durch Vin santo und Rosinen einerseits eine leicht süße Note und durch Knoblauch und Sardellenfilets andererseits einen ausgeprägt würzigen Geschmack erhält. Dazu passen knusprig fritierte Mandelkroketten.

4 Kalbskoteletts (von je etwa 200 g)
Salz, frisch gemahlener Pfeffer, 4 EL Olivenöl
16 Salbeiblättchen, 50 g Butter
Für die Mandelkroketten:
1 kg mehligkochende Kartoffeln, Salz, 4 Eigelbe
20 g Butter, Salz, frisch geriebene Muskatnuß
30 g Mehl, 2 Eier
80 g Mandelblättchen, 80 g Semmelbrösel
Für den Spinat:
1/8 l Vin santo, 40 g Rosinen
50 g Frühlingszwiebeln, 1/4 Knoblauchzehe, geschält
3 Sardellenfilets, in Salz eingelegt
1 kg Spinat, 1 EL Olivenöl
1 Prise Salz, frisch gemahlener weißer Pfeffer
1 Prise frisch geriebene Muskatnuß, 50 g Butter
50 g Pinienkerne, 1 EL gehackte glatte Petersilie
Außerdem:
Fett zum Fritieren

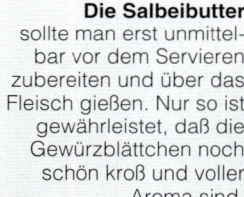

Die Salbeibutter sollte man erst unmittelbar vor dem Servieren zubereiten und über das Fleisch gießen. Nur so ist gewährleistet, daß die Gewürzblättchen noch schön kroß und voller Aroma sind.

1. Zunächst den Teig für die Kroketten vorbereiten. Die Kartoffeln gut waschen, in leicht gesalzenem Wasser 20 bis 25 Minuten kochen. Das Wasser abgießen, die Kartoffeln etwas ausdampfen lassen, schälen und durch die Presse in eine Schüssel drücken. Mit den Eigelben, der Butter, Salz und Muskatnuß vermengen. Die lauwarme Masse zu fingerdicken Strängen formen, auskühlen lassen. In 5 cm lange Stücke schneiden und die Kroketten in Mehl, Eiern und den mit Mandelblättchen vermischten Bröseln wenden. Die panierten Kroketten bis zur weiteren Verwendung beiseite stellen.

2. Für den Spinat in einer Kasserolle den Wein leicht erwärmen und die Rosinen darin einweichen. Die Frühlingszwiebeln putzen und in dünne Ringe schneiden, den Knoblauch fein hacken. Das Salz von den Sardellenfilets abschütteln und diese ebenfalls fein hacken. Den Spinat sorgfältig

verlesen, waschen und gut abtropfen lassen. In einem Topf das Olivenöl erhitzen und den Spinat darin andünsten. Mit Salz, Pfeffer und Muskatnuß würzen und den Spinat zusammenfallen lassen. Den Spinat auf einem flachen Sieb gründlich abtropfen lassen.

3. In einem separaten Topf die Butter zerlassen und die Frühlingszwiebeln sowie den Knoblauch darin glasig anschwitzen. Die gehackten Sardellenfilets und die eingeweichten Rosinen mitsamt dem Wein zufügen. Die Flüssigkeit bis auf einen kleinen Rest einkochen lassen, den abgetropften und leicht ausgedrückten Spinat wieder zufügen und alles 5 Minuten garen. Die Pinienkerne sowie die Petersilie einstreuen, abschmekken und warmhalten.

4. Die Koteletts salzen und pfeffern. In einer entsprechend großen Pfanne das Olivenöl erhitzen und die Koteletts darin von jeder Seite 5 Minuten braten. Das Fleisch aus der Pfanne nehmen und in einer feuerfesten Form bei 50 °C im vorgeheizten Ofen warmhalten. Das Bratfett aus der Pfanne bis auf 1 EL abgießen.

5. Die vorbereiteten, panierten Kroketten im 180 °C heißen Fett goldbraun fritieren, herausnehmen und auf Küchenpapier abtropfen lassen.

6. Im verbliebenen Bratöl die Salbeiblättchen kurz braten. Butter zufügen, aufschäumen lassen und den Bratensatz lösen. Die Koteletts aus dem Ofen nehmen, mit der Salbeibutter übergießen und mit dem Spinat und den Kroketten anrichten.

Die Gondolieri
gehören nicht zwingend zum Rezept! Natürlich schmeckt es in einem Restaurant vor Ort noch mal so gut. Ein Hauch Venedig steckt jedoch auch in einem Weißwein aus dem Veneto.

Fegato di vitello

KALBSLEBER AUF VENEZIANISCHE ART: TRADITIONELL SERVIERT MIT GEBACKENEN POLENTA-TALERN.

Ein schlichtes Gericht, einfach in der Zubereitung, aber groß im Geschmack. Wie bei allen einfachen Rezepten, so liegt auch hier die Finesse in der einwandfreien Qualität der Zutaten. Die Kalbsleber sollte nach Möglichkeit von einem Milchkalb stammen, also von einem sehr jungen Tier, das noch nicht mit Heu gefüttert wurde, dann ist die Leber umso zarter. Bei fast allen italienischen Leber-Rezepten werden aromatische Salbeiblättchen mitgebraten – für viele nordeuropäische Zungen eine Idee zu streng. Am besten, man macht daraus keine Kardinalsfrage: ob mit oder ohne Salbei, entscheidet allein der persönliche Geschmack. Dasselbe gilt übrigens für das Ablöschen der Zwiebeln: Wem der Weißweingeschmack zu dominant scheint, kann statt dessen zur Hälfte Kalbsfond zugießen.

Für die Kalbsleber:
400 g Zwiebeln
800 g Kalbsleber am Stück
20 g Mehl
130 g Butter
200 ml Weißwein
Salz, frisch gemahlener Pfeffer
2 EL Olivenöl
1 EL gehackte glatte Petersilie
Für die Polenta-Taler:
1/2 l Wasser, 1 TL Salz
150 g Maisgrieß
30 g Butter

1. Zunächst die Polenta zubereiten. In einem Topf das Wasser mit dem Salz zum Kochen bringen. Den Maisgrieß unter ständigem Rühren einrieseln lassen, dabei darauf achten, daß das Wasser ständig siedet, damit sich keine Klümpchen bilden. Etwa 20 Minuten ununterbrochen weiterrühren; wenn der Maisbrei dick zu werden beginnt, wird dies zur harten Arbeit. Die Polenta ist gar, wenn sie sich gut vom Topfrand löst.

2. Den Maisbrei auf ein nasses Brett schütten, mit einer Palette gleichmäßig 1 cm dick verstreichen und abkühlen lassen.

3. Während die Polenta abkühlt, die Kalbsleber vorbereiten. Dafür zunächst die Zwiebeln schälen und in feine Ringe schneiden. Die Kalbsleber sorgfältig von Haut und Sehnen befreien, der Länge nach halbieren und quer in dünne Scheiben schneiden. Die Leber leicht mit Mehl bestauben und beiseite stellen.

4. Mit einem runden Ausstecher von 7 cm Durchmesser Kreise aus der abgekühlten Polenta ausstechen. In einer Pfanne die Butter zerlassen und die Polenta-Taler darin goldgelb anbraten. Vom Herd stellen und warm halten.

5. In einer Pfanne 80 g Butter zerlassen und die Zwiebeln darin goldbraun anbraten. Mit dem Weißwein ablöschen, die Hitze reduzieren und die Zwiebeln noch 5 Minuten köcheln lassen. Mit Salz und Pfeffer würzen, vom Herd stellen.

6. In einer entsprechend großen Pfanne die restliche Butter und das Öl erhitzen und die Leber darin nur kurz braten. Salzen, pfeffern und die gebratenen Zwiebeln unter die Leber mischen. Die Kalbsleber mit den Polenta-Talern auf vorgewärmten Tellern anrichten, mit etwas gehackter Petersilie bestreuen und sofort servieren.

Zwiebeln und Leber brät man am besten gleichzeitig in zwei verschiedenen Pfannen, dann sind sie zum gleichen Zeitpunkt servierfertig.

Intensiv duftender Oregano aus den warmen Mittelmeer-ländern wird im Juli geerntet, wenn er in voller Blüte steht.

Costolette alla pizzaiola

DIE KLASSISCHEN PIZZA-ZUTATEN WIE KNOBLAUCH, OREGANO UND TOMATEN DOMINIEREN DIESES MEDITERRANE REZEPT AUS KAMPANIEN.

Kleine Schweinekoteletts sind in der Regel durch ihren etwas höheren Fettanteil besonders saftig und daher exzellent geeignet für dieses Gericht. Auf die gleiche Art lassen sich aber auch dünne Rindfleischscheiben oder Kalbsschnitzel zubereiten. Oregano, der aus den Karstgebieten Süditaliens oder Siziliens stammt, ist zu bevorzugen, denn er hat ein besonders intensives Aroma. Gerebelt und getrocknet ist er geschmacklich zwischen Majoran und Thymian angesiedelt, schmeckt jedoch um einiges schärfer.

4 Schweinekoteletts (von je 180 bis 200 g)
600 g reife Tomaten
4 Knoblauchzehen
Salz
frisch gemahlener schwarzer Pfeffer
3 bis 4 EL Olivenöl
150 ml Rotwein
1 TL getrockneter Oregano

Feines Olivenöl und trockener Rotwein verbinden sich mit Tomaten, Knoblauch und Oregano zu einer wunderbar duftenden Sauce, die am besten zu selbstgemachten Bandnudeln schmeckt.

Ein gefragter Exportartikel Süditaliens ist das duftende Kraut. Oregano wird nach der Ernte zwar auch frisch auf heimischen Märkten angeboten. Der weitaus größte Teil der Ernte findet jedoch als getrocknetes und luftdicht verpacktes Gewürz seinen Weg hinaus in alle Welt.

Für die Bandnudeln:
300 g Mehl Type 405
1 Ei, 7 Eigelbe
1 EL Öl, 1/2 TL Salz, 20 g Butter

1. Zunächst den Nudelteig herstellen. Das Mehl auf eine Arbeitsfläche sieben, in die Mitte eine Mulde drücken. Das Ei, die Eigelbe, Öl und Salz hineingeben und mit einer Gabel verrühren. Nach und nach das Mehl vom Innenrand her mit unterrühren. Mit kreisenden Bewegungen weiter Mehl einarbeiten, bis ein dickflüssiger Teig entsteht. Mit beiden Händen das restliche Mehl unterarbeiten, so lange kräftig kneten, bis der Teig glatt und fest ist. Zu einer Kugel formen und den Nudelteig im Kühlschrank etwa 1 Stunde ruhen lassen.

2. Die Tomaten in kochendem Wasser blanchieren, häuten, Samen und Stielansätze entfernen und das Fruchtfleisch klein würfeln. Den Knoblauch schälen und in dünne Scheiben schneiden.

3. Die Schweinekoteletts salzen und pfeffern. In einer entsprechend großen Pfanne das Olivenöl erhitzen und die Koteletts darin von jeder Seite gut anbraten. Herausnehmen und die Koteletts zugedeckt beiseite stellen.

4. Den Knoblauch im verbliebenen Öl anbraten, ohne ihn dabei Farbe nehmen zu lassen. Die Tomatenwürfel kurz mitschwitzen. Mit dem Rotwein ablöschen, den Oregano einstreuen, salzen, pfeffern und alles weitere 10 Minuten köcheln lassen.

5. Den Nudelteig mit der Nudelmaschine bis zur gewünschten Dicke ausrollen und mit dem entsprechenden Vorsatz in etwa 1 cm breite Bandnudeln schneiden. Die Koteletts wieder in die Sauce einlegen und von jeder Seite noch etwa 5 Minuten schmoren.

6. Die Nudeln in sprudelndem Salzwasser al dente kochen, abgießen und in zerlassener Butter schwenken. Die Koteletts mit der Pizzaiola-Sauce sowie den Nudeln anrichten und servieren.

Involtini di vitello

HAUCHDÜNNE KALBFLEISCHSCHEIBEN MIT PIKANT GEWÜRZTER FÜLLUNG.

Rouladen auf italienisch – da wird Sparsamkeit zum Geschmacksplus. Fleisch galt lange Zeit als Luxus, und so verstand man es, sich das Gute einzuteilen und es mit feinsten Füllungen zu versehen. Von den unzähligen überlieferten Rezepten hier eine wunderbare Variante mit Schinken, Sardellen und Knoblauch.

8 Kalbsschnitzel aus der Oberschale (zu je 100 g)
Salz, frisch gemahlener weißer Pfeffer
Für die Füllung:
1 Knoblauchzehe
6 Sardellenfilets, in Öl eingelegt
20 g Kapern, in Salz eingelegt
100 g Parmaschinken, 3 EL gehackte Petersilie
2 EL passierte Tomaten, 30 g Semmelbrösel
Salz, frisch gemahlener schwarzer Pfeffer
30 g weiche Butter
Für die Sauce:
300 ml Kalbsfond, 50 ml Sahne
Salz, frisch gemahlener schwarzer Pfeffer
Außerdem:
10 g Mehl zum Bestauben
4 EL Pflanzenöl und 20 g Butter zum Braten

1. Die Kalbsschnitzel einzeln zwischen Klarsichtfolie legen und gleichmäßig dünn klopfen – plattieren, wie es in der Fachsprache heißt. Die Schnitzel jeweils salzen und pfeffern.

2. Für die Füllung die Knoblauchzehe schälen und fein hacken. Die Sardellenfilets aus dem Öl nehmen und gut abtropfen lassen. Die Kapern in ein Sieb geben und das Salz abschütteln. Kapern und Sardellen fein hacken. Den Parma-

Ein klassischer Risotto von feinsämiger Konsistenz paßt ideal zu den Involtini. Das kann, wie hier, ein Kürbisrisotto sein oder auch ein Safranrisotto nach Mailänder Art.

Gereifter, aromatischer Parmaschinken, in Salz eingelegte Kapern und Sardellenfilets gehören als wesentliche Bestandteile in die Füllung der Involtini.

schinken sehr fein würfeln. In einer Schüssel gewürfelten Schinken, gehackte Sardellen, Kapern und Knoblauch sowie die Petersilie und die passierten Tomaten mit den Semmelbröseln vermischen. Mit Salz und Pfeffer abschmecken und die weiche Butter untermischen.

3. Die 4 plattierten Kalbsschnitzel auf einer Arbeitsfläche auslegen, die Füllung gleichmäßig darauf verteilen und mit Hilfe einer Palette glattstreichen. Die Schnitzel an den Längsseiten leicht einschlagen, aufrollen, mit 1 bis 2 Zahnstochern so feststecken, daß die Füllung nicht heraustreten kann, und die Kalbsröllchen mit Mehl bestauben.

4. In einer großen Pfanne das Öl sowie die Butter erhitzen und die Kalbsröllchen darin anbraten. Die Hitze reduzieren und die Involtini unter ständigem Wenden weitere 10 Minuten braten. Herausnehmen und das Fleisch warm stellen.

5. Den Kalbsfond zugießen, auf die Hälfte einkochen lassen. Durch ein Spitzsieb gießen und die Sauce erneut erhitzen. Die Sahne einrühren, nochmals etwas einkochen lassen. Die Involtini mit etwas Sauce auf vorgewärmten Tellern anrichten – die Hölzchen vorher entfernen. Als Beilage paßt dazu ein Kürbisrisotto hervorragend.

Zampone mit Grünkohl

SCHWEINSFÜSSE AUF ITALIENISCH: GEFÜLLT MIT EINER FARCE AUS SCHWEINEFLEISCH UND VERSCHIEDENEN GEWÜRZEN.

Gewiß, man kann diese italienische Spezialität auch selbst herstellen. Allerdings nur unter großem Aufwand. Daher finden in diesem Rezept fertige »Zamponi« Verwendung, wie es sie in Folie versiegelt in guten Fachgeschäften zu kaufen gibt. Die Rezepte für Zampone sind vielfätig. Teilweise enthalten sie sogar die begehrten Trüffeln. Serviert wird der Zampone zu den verschiedensten Gemüsen. Im vorliegenden Rezept gesellt sich zu diesem ansonsten uritalienischen Gericht ein echtes »Nordlicht«: der Grünkohl. Seine langen Blätter weisen ihn äußerlich bereits als Verwandten des römischen »Cavolo nero« (Schwarzkohl) aus. Geschmacklich passen beide Kohlsorten hervorragend zu diesem deftigen Winteressen.

1,2 kg Zampone (gefüllter Schweinsfuß)
1,2 kg Grünkohl oder Cavolo nero (Schwarzkohl)
150 g Zwiebeln
100 g Möhren
50 g Schweineschmalz
300 ml Gemüsefond
Salz
frisch gemahlener schwarzer Pfeffer
etwas Zucker
600 g festkochende Kartoffeln
80 g geräucherter, durchwachsener roher Speck

1. Den Grünkohl putzen, gründlich waschen und gut abtropfen lassen. Mit einem scharfen Messer den harten Strunk entfernen und von den einzelnen Kohlblättern die Blattrippen herausschneiden. Die Grünkohlblätter in Streifen schneiden und in kochendem Salzwasser blanchieren. Mit einer Schaumkelle herausnehmen und den blanchierten Kohl gut abtropfen lassen.

2. Die Zwiebeln schälen und fein hacken. Die Möhren schälen, waschen und in 5 mm große Würfel schneiden.

3. In einem entsprechend großen Topf das Schweineschmalz erhitzen und die gewürfelten Zwiebeln und Möhren darin unter Rühren anschwitzen, ohne sie dabei Farbe nehmen zu lassen. Den Grünkohl untermischen und den Gemüsefond zugießen. Mit Salz, Pfeffer und Zucker würzen. Das Gemüse bei mittlerer Hitze etwa 30 Minuten köcheln lassen.

4. In der Zwischenzeit die Kartoffeln schälen, (1 Kartoffel beiseite legen) und in Würfel von 1,5 cm Kantenlänge schneiden. Den Zampone zusammen mit den Kartoffelwürfeln in den Topf mit dem Grünkohl einlegen und alles weitere 20 Minuten garen.

5. In der Zwischenzeit den Speck in kleine Würfel schneiden und in einer kleinen Pfanne ohne Zugabe von Fett knusprig braten.

6. Nach den letzten 20 Minuten Kochzeit den Zampone herausnehmen. Die beiseite gelegte Kartoffel fein reiben, unter den Grünkohl mischen und das Gemüse nochmals 5 Minuten garen. Mit Salz und Pfeffer abschmecken.

7. Den Zampone in Scheiben schneiden und in vorgewärmten Tellern auf dem Grünkohl anrichten. Mit dem knusprig gebratenen Speck bestreuen und servieren.

Durchwachsener roher Speck junge Möhren und Kartoffeln ergänzen den herzhaft-würziger Grünkohl für der gefüllten Zampone

Neben den Kräutern – hier sind es Salbei und Rosmarin – wird das ausgelöste Kotelettstück auch noch mit gehacktem Knoblauch und geriebener Zitronenschale belegt.

Arista alla fiorentina

SCHWEINEBRATEN NACH FLORENTINER ART – MIT KRÄUTERN, KNOBLAUCH UND ZITRONE.

2,4 kg ausgelöstes Kotelettstück mit Bauchlappen
Salz, frisch gemahlener schwarzer Pfeffer
12 Salbeiblätter, 5 Rosmarinzweige
abgeriebene Schale von 1 unbehandelten Zitrone
4 Knoblauchzehen, geschält und gehackt
2 Salbeizweige
100 g Zwiebeln, 100 g Lauch, 2 Nelken
5 zerdrückte schwarze Pfefferkörner
2 Lorbeerblätter
Für die Polenta:
1 l Wasser, 1 TL Salz 50 g Butter
200 g Maisgrieß (mittlere Körnung)
30 g frisch geriebener Parmesan
Außerdem:
4 EL Olivenöl zum Bepinseln des Bratens

1. Zunächst das Fleisch vorbereiten. Dafür vom Kotelettstück her die Schwarte zu 1/3 lösen. Den Braten salzen und pfeffern, auf der Fleischseite und unter der gelösten Schwarte mit den Salbeiblättern, 3 Rosmarinzweigen, der abgeriebenen Zitronenschale und dem gehackten Knoblauch belegen. Das Fleisch vom Kotelettstück her zum

Toskanische Impressionen an einem klaren Sommerabend: Durch die ungewöhnliche Perspektive scheint der Rosmarin im Vordergrund in den Himmel zu wachsen.

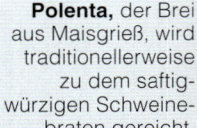

Polenta, der Brei aus Maisgrieß, wird traditionellerweise zu dem saftigwürzigen Schweinebraten gereicht.

Bauchlappen hin aufrollen, die gelöste Schwarte wieder festdrücken. Den Rollbraten mit Küchengarn in Form binden, dabei die restlichen Rosmarin- sowie die Salbeizweige mit einbinden.

2. Die Zwiebeln schälen, den Lauch putzen und beides in grobe Stücke schneiden. Den Rollbraten in einem großen Topf mit leicht gesalzenem, kochendem Wasser bedecken, das Gemüse und die Gewürze einlegen und alles bei geringer Hitze 30 Minuten köcheln lassen.

3. Den Braten aus dem Sud nehmen; 1,2 l des Kochsuds aufbewahren. Das Fleisch in einer leicht geölten Bräter legen, von allen Seiten mit

Olivenöl bepinseln und bei 180 °C im vorgeheizten Ofen in etwa 1 1/2 Stunden fertigbraten, dabei den zurückbehaltenen Kochsud nach und nach angießen, den Braten häufig mit dem Bratfond begießen.

4. Inzwischen die Polenta zubereiten. In einem Topf das Wasser mit dem Salz und der Butter zum Kochen bringen. Den Maisgrieß in dünnem Strahl einrieseln lassen, dabei mit einem Holzlöffel kräftig rühren, damit sich keine Klümpchen bilden. Die Polenta im Uhrzeigersinn immer weiterrühren, bis sie sich vom Topfboden löst – das dauert etwa 20 Minuten – und bis zur weiteren Verwendung warm halten.

5. Nach 1 1/2 Stunden den Braten aus dem Ofen nehmen. Eventuell mit einem Fleischthermometer prüfen, ob der Braten gar ist – es sollte 70 bis 72 °C anzeigen. Das fertige Fleisch in Alufolie wickeln und 10 Minuten ruhen lassen. Inzwischen den Bratensaft durch ein feines Sieb passieren, auf 1/2 l reduzieren und abschmecken.

6. Der Braten aus der Folie nehmen, in Scheiben schneiden, den austretenden Bratensaft in die Sauce gießen. Die Polenta mit geriebenem Parmesan bestreuen und mit dem Braten sowie der Sauce auf vorgewärmten Tellern anrichten.

Brasato

DIESER KLASSISCHE RINDERSCHMORBRATEN AUS DER TOSKANA VERLANGT NACH EINER GUTEN FLASCHE.

Ein »Brunello di Montalcino«, einer der berühmten toskanischen Rotweine, ist der richtige für dieses Gericht. Damit nichts von dem kostbaren Wein verschenkt wird, sind Zutaten wie Fleischmenge genau auf eine Flasche abgestimmt – das ideale Festessen für größere Familienfeiern.

Für 6 bis 8 Portionen
2 kg Rinderschmorbraten (Hüftdeckel)
Für die Marinade:
150 g Zwiebeln, 120 g Möhren, 120 g Stangensellerie
1 Lorbeerblatt, 12 bis 15 schwarze Pfefferkörner
1/2 Knoblauchzehe, 1 Flasche Brunello di Montalcino
Für die Steinpilznudeln:
10 g getrocknete Steinpilze
250 g Mehl, 2 Eier, 1 Eigelb, 2 EL Öl, 1/2 TL Salz
1 EL feingehackte Petersilie, Wasser nach Bedarf
Außerdem
60 ml Olivenöl zum Braten, Salz
frisch gemahlener Pfeffer, 1 EL gehackte Petersilie

Ein Rinderschmorbraten gelingt nur mit dem richtigen Fleisch. Zartfaserig und nicht zu klein sollte das Stück sein. Gut geeignet sind Oberschale oder der hier verwendete Hüftdeckel (Tafelspitz). Zum Brasato serviert man in Italien gerne Polenta oder – kulinarisch höchst raffiniert – selbstgemachte Steinpilznudeln.

24 Stunden muß das Rindfleisch für den Brasato in einer Marinade aus kräftigem Rotwein, Zwiebeln, Möhren, Stangensellerie und Gewürzen durchziehen, bevor er das richtige Aroma hat.

1. Das Fleisch parieren, das heißt, von Sehnen und Häuten befreien. Die Zwiebeln schälen und in Ringe schneiden. Möhren schälen, Stangensellerie putzen und beides in Scheiben schneiden.

2. Das Fleisch mit den Zwiebeln, dem Gemüse, den Gewürzen und dem Knoblauch in eine flache Form einlegen. Mit dem Rotwein übergießen und 24 Stunden im Kühlschrank marinieren.

3. Das Fleisch aus der Marinade heben und trockentupfen. Die Marinade durch ein Sieb passieren, dabei die Flüssigkeit auffangen. Das Gemüse abtropfen lassen. In einem entsprechend großen Topf das Öl erhitzen und das Fleisch darin von beiden Seiten kräftig anbraten, salzen und pfeffern. Das Gemüse und die Gewürze aus der

Marinade kurz mitangehen lassen, dabei öfters einmal umrühren. Die Marinade-Flüssigkeit zugießen, alles einmal aufkochen lassen. Den Topf zudecken und den Braten bei 180 °C im vorgeheizten Ofen 2 bis 2 1/2 Stunden schmoren.

4. In der Zwischenzeit die Steinpilznudeln zubereiten. Dafür die getrockneten Steinpilze sehr fein hacken oder zerstoßen. Das Mehl auf eine Arbeitsfläche sieben. In die Mitte eine Mulde drükken, die zerkleinerten Pilze und die restlichen Zutaten hineingeben. Diese mit einer Gabel verrühren, dann in kreisenden Bewegungen immer mehr Mehl vom Innenrand untermischen, bis ein dickflüssiger Teig entsteht. Das restliche Mehl einarbeiten und den Teig mit beiden Händen kräftig kneten, bis er glatt und fest ist. Zur Kugel formen,

in Folie wickeln und den Nudelteig 1 Stunde im Kühlschrank ruhen lassen.

5. Den Teig mit der Nudelmaschine bis zur gewünschten Stärke ausrollen und mit dem entsprechenden Vorsatz zu Tagliatelle schneiden.

6. Den Rinderbraten aus dem Ofen nehmen, auf einer vorgewärmten Platte anrichten und warm halten. Die Bratensauce durch ein Sieb in einen Topf passieren, dabei das Gemüse gut durchdrücken, nochmals aufkochen und abschmecken.

7. Die Nudeln in Salzwasser al dente kochen, abgießen und in zerlassener Butter schwenken. Den Braten in Scheiben schneiden, und mit den Nudeln sowie der Sauce anrichten und servieren.

Lammhaxen mit Rotwein geschmort

SO ZUBEREITET, WIRD DAS LAMMFLEISCH BESONDERS ZART UND SAFTIG.
WER MAG, REICHT DAZU SELBSTGEMACHTE KRÄUTER-GNOCCHI.

4 Lammhaxen (von je etwa 350 g)
100 g Zwiebeln, 3 Knoblauchzehen
60 g Stangensellerie, 80 g Möhren, 500 g Tomaten
5 EL Pflanzenöl, 1 Rosmarinzweig
Salz, frisch gemahlener Pfeffer
3/8 l Rotwein, 400 ml Lammfond
Für die Gnocchi:
600 bis 700 g mehligkochende Kartoffeln, 50 g Ricotta
1 Eigelb, 80 g frisch geriebener Parmesan
2 EL Mehl, Salz, frisch gemahlener Pfeffer
frisch geriebene Muskatnuß
Für die Kräuterbutter:
100 g Butter, 1 zerdrückte Knoblauchzehe
2 EL gehackte Kräuter (Petersilie, Oregano, Rosmarin)
Außerdem:
Butter für die Form, 40 g frisch geriebener Parmesan

1. Zunächst die Kartoffeln für die Gnocchi in Alufolie wickeln und bei 200 °C im vorgeheizten Ofen 1 Stunde backen.

2. Für die Lammhaxen Zwiebeln und Knoblauch schälen und fein hacken. Stangensellerie putzen, Möhren schälen und beides klein würfeln. Tomaten blanchieren, häuten, Stielansatz und Samen entfernen und das Fruchtfleisch klein würfeln.

3. In einer Pfanne 2 EL Öl erhitzen, Zwiebeln und Knoblauch darin hell anschwitzen. Den Rosmarinzweig einlegen. Die Sellerie- und Möhrenwürfel kurz mitschwitzen.

4. Die Lammhaxen salzen und pfeffern. In einem entsprechend großen Topf das restliche Öl erhitzen und die Haxen darin rundum kräftig anbraten. Mit Rotwein ablöschen, auf die Hälfte reduzieren. Das angeschwitzte Gemüse zufügen, die Tomatenwürfel untermischen und den Lammfond angießen. Zugedeckt bei 200 °C im vorgeheizten Ofen 50 bis 60 Minuten schmoren.

5. Inzwischen die Kartoffeln schälen, noch heiß durch die Presse in eine Schüssel drücken. Etwas abkühlen lassen, mit Ricotta, Eigelb, Parmesan, Mehl und den Gewürzen zu einem glatten Teig verarbeiten. Diesen zu Strängen von je etwa 1 cm Durchmesser rollen, 2 cm lange Stücke abschneiden und einzeln über eine Raspel abrollen.

6. Die Gnocchi in kochendes Salzwasser einlegen, die Hitze reduzieren und in 3 Minuten garziehen lassen, herausheben und abtropfen lassen. Für die Kräuterbutter die Butter zerlassen, den Knoblauch kurz anschwitzen und die Kräuter einrühren. Die Gnocchi in eine flache, gebutterte Form schichten, mit Parmesan bestreuen und die Kräuterbutter gleichmäßig darüber verteilen. Die Gnocchi 15 bis 20 Minuten im Ofen mitbacken.

7. Die Lammhaxen sowie die Gnocchi aus dem Ofen nehmen, das Fleisch abschmecken. Die Lammhaxen auf einer Platte servieren und die Gnocchi separat dazu reichen.

Schwarze Oliven, aromatisch und festfleischig, werden in Italien in hervorragender Qualität geerntet. Der richtige Erntezeitpunkt ist dann, wenn sie sich am Baum fast schwarz gefärbt haben.

Kalbsbraten mit Peperonata

MEDITERRAN MIT ROSMARIN UND OLIVEN GEWÜRZT, IST DAS PAPRIKAGEMÜSE EINE IDEALE BEILAGE.

Für den Kalbsbraten:
1 kg Kalbfleisch von der Nuß
Salz, frisch gemahlener weißer Pfeffer, 80 g Lauch
80 g Möhren, 60 g Zwiebel
50 g Petersilienwurzel
50 g Sellerie, 3 EL Pflanzenöl
2 Salbeiblätter, 1/4 l helles Bier
200 ml Kalbsfond
Für die Peperonata:
150 g Zwiebeln, 1 Knoblauchzehe
250 g grüne Paprikaschoten (zum Beispiel Dolma)
200 g Tomaten, 3 EL Olivenöl, Salz
frisch gemahlener Pfeffer
1 EL Weißweinessig
80 g schwarze Oliven, 1 Zweig Rosmarin

Für diesen mageren Kalbsbraten verwendet man am besten ein Stück aus der Nuß, es wird besonders zart und bleibt beim Garen saftig.

1. Die Kalbsnuß parieren, das heißt, von Häuten und Sehnen befreien, salzen und pfeffern. Den Lauch putzen und in Scheiben schneiden. Das restliche Gemüse schälen und klein würfeln. In einem Bräter das Öl erhitzen und das Gemüse, die Fleischabschnitte, Parüren wie sie der Fachmann nennt. sowie den Salbei kurz darin anbraten. Den Braten auf die Gemüsemischung legen, das Bier angießen und bei 180 °C im vorgeheizten Ofen 1 1/2 Stunden braten, dabei das Fleisch immer wieder mit dem erwärmten Kalbsfond sowie mit dem Bratensaft übergießen.

2. Für die Peperonata Zwiebeln und Knoblauch schälen. Die Zwiebeln in etwa 3 mm dicke Ringe, den Knoblauch in dünne Scheiben schneiden. Die Paprikaschoten halbieren, Samen und Schei-dewände entfernen, das Fruchtfleisch längs in breite Streifen schneiden. Tomaten blanchieren, häuten, achteln, Stielansatz und Samen entfernen.

3. Das Öl erhitzen, Zwiebeln und Knoblauch darin glasig anschwitzen. Paprikastreifen 5 Minuten und Tomaten weitere 5 Minuten mitbraten. Mit Salz, Pfeffer und Essig würzen. Oliven und Rosmarinzweig einlegen, zugedeckt noch 5 Minuten schmoren. Mit Salz und Pfeffer abschmecken.

4. Nach Ende der Garzeit den Braten in Alufolie wickeln und 10 Minuten ruhen lassen. Die Sauce durch ein feines Sieb passieren, etwas einkochen lassen und abschmecken. Den Braten in Scheiben schneiden – Fleischsaft unter die Sauce rühren – und mit Sauce und der Peperonata anrichten.

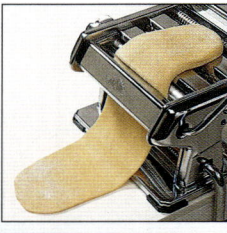

Den Teig mit der Nudelmaschine bis zur gewünschten Stärke ausrollen und mit dem entsprechenden Vorsatz in 4 mm breite Tagliatelle schneiden.

Rindsfilet in pikanter Tomatensauce

MIT SELBSTGEMACHTEN KNOBLAUCHNUDELN EIN GEDICHT. DIE VITAMINE LIEFERT DER LEICHT BITTERE »CIMA DI RAPA«.

Überall in Italien wird Wert gelegt auf gutes, qualitativ hochwertiges Rindfleisch. Begehrt ist etwa dasjenige der gehörnten Rinder aus der Maremma. Noch gefragter allerdings ist das Fleisch der weißen Rinder aus dem toskanischen Chiana-Tal. Von diesen Tieren kommt das Lendenstück für ein echtes »Bistecca alla fiorentina« – und dieses besonders wohlschmeckende Fleisch würde sich selbstredend auch für dieses Rezept sehr gut eignen, es ist nur leider recht schwer zu bekommen.

600 g Rinderfilet, 300 g Tomaten
Salz, frisch gemahlener Pfeffer, 4 EL Olivenöl,
200 ml Rinderfond, 2 EL gemischte, gehackte Kräuter
Für die Knoblauchnudeln:
3 Knoblauchzehen, 1/2 TL Salz, 2 EL Olivenöl
250 g Mehl, 2 Eier, 1 Eigelb, 40 g Butter
Für das Gemüse:
700 g Cima di Rapa, 40 g Schalotten
3 Knoblauchzehen, 30 ml Olivenöl
Salz, frisch gemahlener weißer Pfeffer
40 ml Kalbs- oder Rinderfond, 20 g Butter
60 g Weißbrotwürfel
Außerdem
40 g Butter zum Schwenken der Nudeln
40 g frisch gehobelter Parmesan nach Belieben

1. Das Rinderfilet parieren, in Frischhaltefolie wickeln und etwa 30 Minuten tiefkühlen, so läßt es sich später leichter schneiden.

2. Für die Nudeln den Knoblauch schälen, mit dem Salz sowie dem Öl im Mörser fein zerreiben. Das Mehl auf eine Arbeitsfläche sieben, in die Mitte eine Mulde drücken. Die Eier, das Eigelb sowie die Knoblauchpaste hineingeben und mit der Gabel zu einem dickflüssigen Teig verrühren, dabei immer mehr Mehl vom Innenrand her mit-

einarbeiten. Wird der Teig zu fest, 2 EL Wasser untermischen. Anschließend kräftig mit beiden Händen zu einem glatten, festen Teig verkneten, zur Kugel formen, in Folie wickeln und 1 Stunde im Kühlschrank ruhen lassen.

3. Inzwischen den Cima di Rapa putzen, nur die zarten Blätter sowie die Röschen verwenden, waschen. Die Schalotten schälen, in Ringe schneiden. Knoblauch schälen, die Zehen vierteln. In einem Topf das Öl erhitzen, Schalotten und Knoblauch darin hell anschwitzen. Den Cima di Rapa mitschwitzen. Mit Salz und Pfeffer würzen, den Fond angießen und den Kohl ewa 10 Minuten bei geringer Hitze dünsten. Inzwischen die Butter zerlassen, die Brotwürfel darin goldgelb braten und beiseite stellen.

4. Tomaten blanchieren, kalt abschrecken, Stielansatz und Samen entfernen, das Fruchtfleisch klein würfeln. Das Filet in 5 mm dicke Scheiben schneiden, salzen und pfeffern. In einer Pfanne das Öl erhitzen, die Fleischscheiben von beiden Seiten darin kurz scharf anbraten, herausnehmen. Die Tomatenwürfel kurz durchschwenken, den Fond angießen, 4 bis 5 Minuten köcheln lassen. Die Kräuter (Salbei, Rosmarin, Thymian, Petersilie) einrühren, abschmecken und die gebratenen Filetscheiben wieder einlegen, kurz erwärmen.

5. Die Nudeln herstellen wie oben gezeigt, 1 bis 2 Minuten in sprudelndem Salzwasser al dente kochen und abgießen. Die Nudeln kurz in zerlassener Butter schwenken. Die Filetscheiben auf vorgewärmten Tellern mit dem Cima di Rapa und den Knoblauchnudeln anrichten. Das Gemüse mit Brotwürfeln und nach Belieben zusätzlich mit gehobeltem Parmesan bestreuen.

Trippa

HIERZULANDE HÄUFIG ALS ARME-LEUTE-ESSEN VERSCHMÄHT, GELTEN KUTTELN IN ITALIEN ODER FRANKREICH DAGEGEN ALS DELIKATESSE.

Nahezu jede italienische Provinz blickt mit Stolz auf ein eigenes Kuttelrezept. Drei der vielen ausgesprochen schmackhaften Varianten haben es zu überregionalem Ruhm gebracht: Der Kutteltopf aus der Toskana, »Trippa alla Fiorentina«, zubereitet mit viel frischem Gemüse. Die »Trippa alla Romana« mit Pecorino und frischer Minze. Und die »Trippa Liguria« – gekocht mit weißen Bohnen und mit geriebenem Parmesan bestreut, sind sie dem folgenden Rezept am ähnlichsten.

1,2 kg gekochte Kutteln
250 g getrocknete weiße Bohnen
100 g Zwiebeln
3 Knoblauchzehen
1 kleine rote Peperoni
120 g Möhren
50 g Stangensellerie
50 g Lauch
4 EL Olivenöl
2 Lorbeerblätter
1 Rosmarinzweig
200 ml Weißwein
400 ml Kalbsfond
Salz, frisch gemahlener schwarzer Pfeffer
1 TL Zitronensaft
2 EL gehackte Petersilie
40 g Tomatenmark
30 g frisch geriebener Parmesan

Die weißen Bohnen in einer Schüssel mit kaltem Wasser bedecken und über Nacht einweichen. Das Einweichwasser abgießen. Die Bohnenkerne gut abbrausen und in genügend gesalzenem Wasser in 40 bis 45 Minuten weich kochen. In der Zwischenzeit die Zwiebeln sowie die Knoblauchzehen schälen, beides fein hacken. Die Peperoni halbieren, Samen und Scheidewände entfernen und das Fruchtfleisch in dünne Streifen schneiden. Die Möhren schälen und sehr klein würfeln. Stangensellerie und Lauch putzen und ebenfalls fein würfeln. Die Kutteln zubereiten, wie in der Bildfolge unten gezeigt. Den Kalbsfond zugießen und mit Salz, Pfeffer und Zitronensaft würzen. Die gehackte Petersilie einstreuen und die Kutteln 20 Minuten köcheln lassen. Das Tomatenmark mit etwas Kalbsfond anrühren und unter die Kutteln mischen. Zuletzt die weißen Bohnen untermischen, abschmecken. Die Kutteln mit geriebenem Parmesan bestreuen und mit Brot servieren.

Die gekochten Kutteln mit einem scharfen Messer in dünne Streifen schneiden. In einem großen Topf das Olivenöl erhitzen.

Zwiebeln und Knoblauch darin hell anschwitzen, das Gemüse kurz mitschwitzen. Die Kutteln zufügen, ebenfalls kurz mitschwitzen.

Die Lorbeerblätter und den Rosmarinzweig einlegen. Den Weißwein zugießen und auf die Hälfte einkochen lassen.

Bei »Bertino« in Bologna oder einem anderen guten Restaurant kann man den berühmten Fleisch-topf genießen. Wer die Spezialität aus der Emilia Romagna zu Hause ausprobiert, sollte daran denken, viele Gäste einzuladen, denn mit kleineren Mengen oder nur einer Sorte Fleisch gelingt das Rezept nicht.

Bollito misto

IM NORDEN ITALIENS SERVIERT MAN IHN »CON SALSA VERDE«, MIT EINER PIKANTEN KRÄUTERSAUCE.

Für einen echten Bollito misto, wörtlich übersetzt »Gemischtes Gekochtes«, braucht es in jedem Fall verschiedene Fleischsorten Typische Zutaten sind Rindfleisch, Zunge, Poularde, manchmal kommt auch noch ein Kalbskopf mit in den Topf und natürlich der Zampone. Obwohl ziemlich üppig, wird der gefüllte Schweinsfuß in Nordita-lien als Delikatesse hoch geschätzt.

Für 6 bis 8 Portionen
Für den Bollito misto:
100 g Zwiebeln, 120 g Möhren, 80 g Stangensellerie
250 g Markknochen, 4 bis 5 l Wasser
800 g Rinderschulter, 1 kg gepökelte Rinderzunge
Salz, 1 küchenfertige Poularde (von etwa 1,4 kg)
1 Zampone (gefüllter Schweinsfuß von etwa 1,2 kg)
Für die Salsa verde:
150 g glatte Petersilie, 1 Knoblauchzehe
50 g Schalotten, 20 g Kapern, in Salz eingelegt
50 g Gewürzgurken
2 EL frische Weißbrotbrösel
1/2 TL Salz, frisch gemahlener weißer Pfeffer
2 EL Balsamicoessig, 1/4 l Olivenöl

Die Salsa verde gibt es nicht. In ganz Italien beliebt, wird die Kräuter-sauce je nach Region in den unterschiedlichsten Variationen zubereitet. Mal mit, mal ohne Sardellen, mal scharf mit Peperoni, mal mild mit Eigelb. Das Ergebnis schmeckt immer anders, doch überall gut – und ganz besonders zu gekochtem Fleisch.

In der Küche vom »Bertino«, das für seinen »Bollito misto« gerühmt wird, hilft auch heute noch die ganze Familie. Die diversen gekochten Stücke warten schon auf ihren Auftritt.

1. Die Zwiebeln für den Bollito misto schälen, vierteln. Möhren schälen, Stangensellerie putzen und beides in etwa 5 cm lange Stücke schneiden. Die Markknochen unter fließendem kaltem Was-ser sorgfältig waschen.

2. In einem entsprechend großen Topf das Was-ser zum Kochen bringen. Das Rindfleisch, die Zunge sowie die Markknochen ins kochende Wasser einlegen. Temperatur reduzieren, salzen und alles insgesamt etwa 2 1/2 bis 3 Stunden gerade am Siedepunkt sanft kochen.

3. In der Zwischenzeit für die Salsa verde die Petersilie waschen und gut ausschleudern, damit sie möglichst trocken ist. Grobe Stiele entfernen, die Blätter fein hacken. Die Knoblauchzehe sowie

die Schalotten schälen, den Knoblauch fein hakken. Von den Kapern das Salz abschütteln und die Kapern mit den Gewürzgurken sowie den Schalotten etwas gröber hacken.

4. Die gehackten Zutaten in einer Schüssel mit den Weißbrotbröseln vermengen. Salzen, pfeffern und den Essig einrühren. Alles gut vermischen. Das Olivenöl in dünnem Strahl einlaufen lassen und unterrühren.

5. In den letzten 40 Minuten der Kochzeit die Poularde mitgaren, das Gemüse 15 Minuten nach dem Geflügel zufügen. Bei Bedarf noch etwas kochendes Wasser zugießen. 15 Minuten vor Ende der Garzeit den Zampone einlegen und in der Brühe langsam erhitzen.

6. Alle Fleischsorten sowie die Poularde aus der Brühe heben, das Rindfleisch in Folie einschlagen, 10 Minuten ruhen lassen. Anschließend Rinderschulter, Zunge und Zampone in Scheiben schneiden, die Poularde in Stücke teilen. Alles zusammen mit dem Gemüse auf einer vorgewärmten Platte anrichten, mit Petersilie bestreuen und mit der Salsa verde und frischem Weißbrot servieren.

Szegediner Gulasch

EIN INTERNATIONAL BEKANNTES GERICHT
AUS DER PAPRIKAGEGEND UNGARNS.

Aus der Stadt Szeged stammt dieses einfache und dennoch so herzhaft gut schmeckende Gericht, das mit seinem hohen Gehalt an Sauerkraut wie ein Eintopf zu betrachten ist. Aus jener Stadt also, die untrennbar mit der Erfolgsgeschichte des ungarischen Paprika verbunden ist. Auf den weiten Flächen rund um den malerischen Ort gedeihen fast seit Menschengedenken jene Pflanzen des Gewürzpaprika – die Grundlage des Paprikapulvers –, die vielen Generationen zu Arbeit und Brot verholfen haben. An niedrig wachsenden Sträuchern entwickeln sich bis zu 25 cm lange, spitz auslaufende, bei Vollreife leuchtend rote Früchte, welche vor allem in ihren Samen und Scheidewänden das Schärfe tragende Alkaloid Capsaicin enthalten. Diese Schoten werden nach der Ernte getrocknet und anschließend vermahlen. Bei der Herstellung der verschiedenen Qualitäten des weltweit bekannten Paprikapulvers werden je nach gewünschtem Schärfegrad anteilsmäßig mehr Samen und Scheidewände mitvermahlen. Der Schärfegehalt nimmt von »Rosenpaprika« über »Halbsüß«, »Edelsüß« und »Delikateß« ständig ab. Die Sorte »Extra« ist völlig schärfefrei. Das edel-

Sauerkraut und saure Sahne sind die beiden Komponenten, die dieses bodenständige Gericht von vielen anderen Gulaschrezepten unterscheiden. Das Sauerkraut ersetzt die sonst üblichen Paprikaschoten.

süße Pulver ist in der ungarischen Küche sehr beliebt, verleiht es doch den Gerichten eine pikante Schärfe und färbt sie gleichzeitig stark rot

800 g Schweinefleisch aus der Keule
400 g Zwiebeln
40 g Schweineschmalz
20 g edelsüßes Paprikapulver
300 ml Fleischbrühe
375 g Sauerkraut, 1 TL Kümmel
30 g Tomatenmark
Salz, frisch gemahlener schwarzer Pfeffer
100 ml saure Sahne
Außerdem:
1 EL gehackte Petersilie

1. Das Schweinefleisch in Würfel mit etwa 2 cm Kantenlänge schneiden. Die Zwiebeln schälen und grob hacken.

2. Das Schweineschmalz in einem entsprechend großen Topf erhitzen und die Zwiebeln darin unter ständigem Rühren glasig anschwitzen. Den Topf vom Herd nehmen.

3. Das Paprikapulver über die Zwiebeln im Topf streuen und etwas unterrühren. Das Fleisch untermischen. Die Hälfte der Fleischbrühe zugießen. Den Topf mit einem Deckel zudecken, zurück auf den Herd stellen und das Fleisch bei mittlerer Hitze 30 Minuten dünsten.

4. Das Sauerkraut mit einer Gabel auflockern, zusammen mit dem Kümmel unter das Fleisch mischen und weitere 10 Minuten garen.

5. Die restliche Fleischbrühe aufgießen. Das Tomatenmark unterrühren. Salzen und pfeffern. Den Topf zudecken und das Gulasch in etwa 20 Minuten fertiggaren.

6. Zum Schluß die saure Sahne vorsichtig einrühren und das Gericht mit Petersilie bestreuen.

Mit Rosmarin gebratene Lammschulter

EIN EINZIGARTIGER DUFT ERFÜLLT DIE KÜCHE BEI DER ZUBEREITUNG DIESES GERICHTES.

Die Schulter vom Lamm, sie wird auch Bug oder Schaufel genannt, eignet sich mit oder ohne Knochen gut zum Braten im Ganzen.

1 Lammschulter (1 bis 1,2 kg)
Salz, frisch gemahlener Pfeffer
2 EL Olivenöl
2 Knoblauchzehen
1 Zweig Rosmarin
2 Zweige Thymian
Für das Gemüse:
150 g junge Möhren
250 g Mairübchen
200 g Kohlrabi
300 g kleine, neue festkochende Kartoffeln
150 g Stangenbohnen
400 ml Lammfond
2 EL gehackte Kräuter (Rosmarin, Thymian, Petersilie)
Außerdem:
30 g Butter, zerlassen

Knoblauch und Rosmarin scheinen wie geschaffen füreinander zu sein. Ihre Kombination ist so einfach und dennoch so gut, daß sie in allen Küchen der Mittelmeerländer verwendet wird.

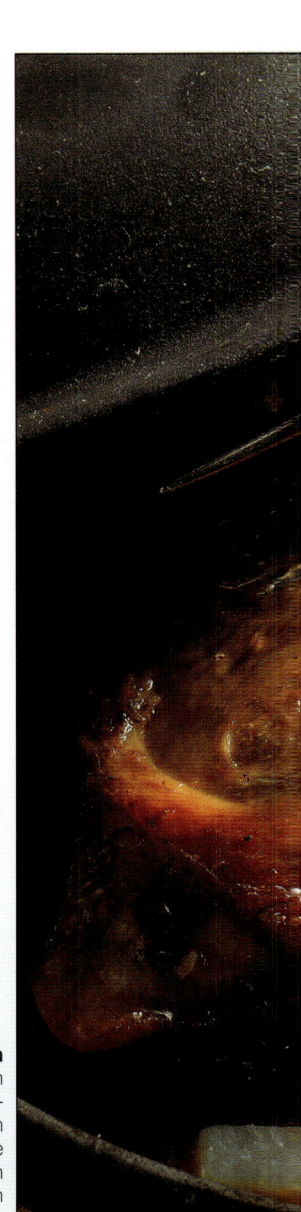

Mit seinem herb-bitteren Geschmack paßt Rosmarin hervorragend zu Lammfleisch. Zum Braten im Ofen werden kräftige Zweige ans Fleisch gebunden und vor dem Servieren wieder entfernt.

1. Die Lammschulter salzen und pfeffern. Auf ein entsprechend großes Stück Alufolie legen und mit dem Olivenöl ringsum bepinseln. Die Knoblauchzehen schälen, vierteln und mit den Kräuterzweigen auf das Fleisch legen. Die Alufolie gut verschließen und die Lammschulter über Nacht im Kühlschrank marinieren.

2. Einen Bräter ohne Fett bei 200 °C im vorgeheizten Ofen erhitzen. Das Fleisch aus der Folie nehmen, Kräuterzweige und Knoblauch sorgfältig entfernen und die Lammschulter im Bräter auf dem Herd anbraten. Kräuter

und Knoblauch wieder auflegen. Den Bräter verschließen, auf die untere Schiene in den heißen Ofen stellen und das Fleisch 50 Minuten braten.

3. Die Möhren so putzen und schälen, daß etwas Grün stehen bleibt. Von den Mairübchen das Kraut entfernen, die Rüben schälen und je nach Größe ganz belassen oder vierteln. Den Kohlrabi schälen, erst in 1 cm dicke Scheiben, dann in Stifte schneiden. Die Kartoffeln schälen. Die Bohnen putzen, schräg in 2 cm große Stücke schneiden.

4. Den Lammfond erhitzen. Das Gemüse um das Fleisch verteilen, mit dem Fond begießen, salzen,

pfeffern und mit Kräutern bestreuen. Den Bräter wieder schließen, alles zusammen weitere 30 Minuten garen. Die letzten 10 Minuten den Deckel abnehmen und das Fleisch mit der zerlassenen Butter beträufeln. Die Lammschulter herausnehmen und die Kräuterzweige entfernen, vor dem Anschneiden 10 Minuten ruhen lassen. Dann das Fleisch tranchieren, die Scheiben zusammen mit dem Gemüse auf Tellern anrichten und servieren.

Frikadellen, gefüllt mit Paprika und Schafkäse

EIN »ARME-LEUTE-ESSEN« BESTER QUALITÄT, DENN GESCHMACKLICH IST ES SEHR HOCHWERTIG.

Auch hier behauptet sich die Aussage, daß das Einfachste oft das Beste ist. Zubereitet wird dieses Gericht aus dem, was das Land ohnehin zu bieten hat: Fleisch, Paprika, Zwiebel, Knoblauch, Peperoni, Kräuter und Schafkäse. Serviert werden können die Frikadellen mit Reis und Krautsalat.

Für den Fleischteig:
40 g altbackenes Toast- oder Weißbrot
300 g mageres Schweinefleisch
300 g schieres Rindfleisch
100 g Zwiebeln, 1 Knoblauchzehe
2 rote Peperoni, 1 Bund Petersilie
2 Eier, 1 TL Salz
1 TL edelsüßes Paprikapulver

Knackige Paprikaschoten und in Salzlake gereifter Schafkäse gehören zu den typischsten Zutaten der Balkanküchen.

Richtiges Braten ist Voraussetzung für das Gelingen der Frikadellen. Die Hitze muß schwach sein, damit das Fleisch von außen nach innen gleichmäßig garen kann. Die Kombination von Butter und Öl als Bratfett sorgt für besten Geschmack.

Für die Füllung:
400 g rote Paprikaschoten
50 g Zwiebel, 1 EL Pflanzenöl
1/4 TL Salz, 80 g Schafkäse

Außerdem:
40 g Butter, 2 EL Pflanzenöl
1 EL gehackte Kräuter (Petersilie, Thymian)

1. Für den Fleischteig das Brot in wenig Wasser einweichen. Beide Fleischsorten in kleine Stücke schneiden. Die Zwiebeln schälen und hacken. Den Knoblauch schälen und fein würfeln. Die Peperoni halbieren, Samen und Scheidewände entfernen, das Fruchtfleisch grob schneiden. Alle Zutaten miteinander vermengen und zweimal durch die feine Scheibe des Fleischwolfes in eine Schüssel drehen.

2. Die Petersilie waschen, trockenschütteln, fein hacken und mit den Eiern unter die Fleischmasse mischen. Mit Salz und Paprikapulver würzen. Das Brot ausdrücken und dazugeben. Aus der Masse einen weichen Fleischteig bereiten. Bis zur weiteren Verwendung in den Kühlschrank stellen.

3. Für die Füllung die Paprikaschoten bei 220 °C im vorgeheizten Ofen backen, bis die Haut »Blasen wirft«. Herausnehmen, unter ein feuchtes Tuch oder in eine Plastiktüte legen und schwitzen lassen. Die Haut abziehen. Die Schoten halbieren, Samen und Scheidewände entfernen und das Fruchtfleisch in kleine Würfel schneiden.

4. Die Zwiebel schälen und fein hacken. In einer Pfanne das Öl erhitzen und die Zwiebeln darin hell anschwitzen. Die Paprikawürfel unterrühren, salzen und 4 bis 5 Minuten dünsten.

5. Für die Frikadellen aus dem Fleischteig 8 Kugeln formen, diese zu Fladen von etwa 15 cm Durchmesser flachdrücken. 1 EL der Paprikafüllung und ein Stück Schafkäse auf jeden der Fladen geben. Den Fleischteig so über die Füllung klappen und glattstreichen, daß diese vollständig eingeschlossen bleibt. Die Frikadellen vorsichtig flachdrücken.

6. In einer Pfanne 20 g Butter und das Öl erhitzen und die Frikadellen bei schwacher Hitze von beiden Seiten langsam braten. Das dauert etwa 8 bis 10 Minuten. Nach der Hälfte der Zeit die restliche Butter und die Kräuter in die Pfanne geben.

Zickleinbraten

MIT FRISCHEN KRÄUTERN AUF MEDITERRANE ART GEWÜRZT UND MIT SELBSTGEMACHTEN SAFRANNUDELN SERVIERT.

Die Keulen junger Ziegen sind ideal zum Braten. Das Fleisch wird dabei schön mürbe und entwickelt einen ausgezeichneten Eigengeschmack.

2 Zickleinkeulen (je etwa 850 g)
Salz, frisch gemahlener schwarzer Pfeffer
6 EL Olivenöl
Für das Röstgemüse:
100 g Zwiebeln, 80 g Möhren, 80 g Lauch
40 g Knollensellerie, 100 g Tomaten
1 Bouquet garni
1/4 l Weißwein, 400 ml Kalbsfond
1 EL gehackte Kräuter
Für die Safrannudeln:
250 g Mehl, 2 Eier, 1 Eigelb, 2 EL Öl, 1/2 TL Salz
2 EL Wasser, 1 Döschen Safran
30 g Butter

Zunächst den Teig für die Safrannudeln zubereiten. Dafür aus Mehl, Eiern, Eigelb, Öl, Salz und dem mit Wasser angerührten Safran einen glatten Teig kneten, zur Kugel formen, in Folie wickeln und 1 Stunde kühl ruhen lassen. Die Zickleinkeulen salzen und pfeffern. Das Öl in einem entsprechend großen Bräter erhitzen und die Keulen darin von beiden Seiten anbraten, wie im ersten Bild gezeigt. Für das Röstgemüse das Gemüse schälen beziehungsweise putzen und in Stücke schneiden. Von den Tomaten die Stielansätze entfernen, die Tomaten waschen und vierteln. Weiterverfahren, wie gezeigt. Nach dem Ablöschen mit Weißwein den Bräter in den auf 200 °C vorgeheizten Ofen stellen und das Fleisch 35 bis 40 Minuten braten. Dabei den Kalbsfond nach und nach zugießen und das Fleisch während des Bratens immer wieder mit dem Bratensaft begießen. Die Keulen aus dem Ofen nehmen und bis zum Anschneiden 10 Minuten ruhen lassen. Für die Sauce den Bratensaft passieren, das Gemüse dabei etwas andrücken, um etwa 1/3 einkochen lassen und abschmecken. Den Teig für die Safran-

nudeln auf einer bemehlten Arbeitsfläche abwechselnd in beide Richtungen ausrollen. Mit einem gezackten Teigrädchen 1,5 cm breite Streifen ausradeln und etwas antrocknen lassen. Die Nudeln in kochendem Salzwasser al dente kochen, abseihen und gut abtropfen lassen. Die Butter in einer Pfanne zerlassen und die Nudeln kurz durchschwenken. Die Keulen mit den gehackten Kräutern bestreuen und mit der Sauce sowie den Safrannudeln servieren.

Die mit Salz und Pfeffer gewürzten Keulen unter mehrmaligem Wenden von beiden Seiten stark anbraten. Herausnehmen.

Das vorbereitete Röstgemüse in dem verbliebenen Fett anbraten, dabei ständig bewegen, damit nichts anbrennt.

Die Tomaten und das Bouquet garni (Petersilie, Lorbeerblatt, Thymian, Rosmarin, Salbei) kurz mitbraten.

Die Keulen auf das Röstgemüse legen. Mit dem Weißwein ablöschen. Weiterverfahren, wie im Text beschrieben.

Lammfleisch mit Quitten und Okra

EINE UNGEWÖHNLICHE KOMBINATION, DIE ÜBERRASCHEND GUT SCHMECKT.

Daß sich Lammfleisch vielseitig zubereiten läßt, ist allseits bekannt. Daß es jedoch auch mit Früchten außerordentlich gut schmeckt, weiß nicht jeder. Auf dem Balkan ist es schon lange Tradition, beim Garen von Fleisch Quitten, Datteln, Aprikosen oder Rosinen zuzugeben. Geschmacklich abgerundet wird dies noch mit Zimt und Honig, zuweilen auch mit Mandeln und Sesam. Doch auch mit Äpfeln und Birnen läßt sich sehr kreativ kochen. Bei diesem Rezept werden Quitten verwendet. Sie sind leider nur kurze Zeit auf dem Markt, doch dann sollte man zugreifen. Die roh nicht genießbaren Früchte sind im gekochten Zustand von angenehm süß-säuerlichem Geschmack.

1,2 kg Lammkeule ohne Knochen
300 g Zwiebeln, 250 g Tomaten
700 g Quitten
Salz, frisch gemahlener schwarzer Pfeffer
4 EL Pflanzenöl
1/2 TL gemahlener Ingwer

Okrafrüchte verlangen nach besonderer Vorsicht bei der Zubereitung, damit ihr schleimbildender Saft nicht austreten kann. Dieser ist zwar geschmacklich neutral, doch in der Konsistenz nicht jedermanns Sache.

1 Stange Zimt (5 cm lang)
1 Rosmarinzweig
1 Döschen Safran
800 ml Lammfond
300 g Okraschoten
1 EL Honig

1. Die Lammkeule unter fließendem kaltem Wasser kurz abspülen und gut trockentupfen. Das Fleisch von Haut und Sehnen befreien und in etwa 4 cm große Würfel schneiden.

2. Die Zwiebeln schälen und in Ringe schneiden. Die Tomaten kurz blanchieren, häuten, Stielansätze und Samen entfernen und das Fruchtfleisch in kleine Stücke schneiden. Die Quitten schälen, mi

Das Schälen und Entkernen der harten Quitten kann zwar ein wenig mühsam sein, aber ihr intensives Aroma harmoniert so vorzüglich mit zartem Lammfleisch, daß sich die Arbeit allemal lohnt.

einem Kugelausstecher das Kerngehäuse entfernen und das Fruchtfleisch in etwa 1,5 cm große Stücke schneiden.

3. Das Fleisch salzen und pfeffern. Das Öl in einem entsprechend großen Topf erhitzen und das Fleisch und die Zwiebeln darin unter mehrmaligem Wenden anbraten. Den Ingwer, den Zimt, den Rosmarin, den Safran und die Tomaten zum Fleisch geben. Den Lammfond zugießen. Die Quitten untermischen. Den Topf zudecken und 1 bis 1 1/2 Stunden schmoren.

4. Die Okraschoten am Stielansatz wie einen Bleistift spitz zuschneiden, ohne die Frucht zu verletzen. Durch dieses spezielle Zuschneiden bleibt die Schote geschlossen, bei einem geraden Schnitt würde ihre Flüssigkeit auslaufen. Um zu verhindern, daß die Schoten während des Kochens aufplatzen, sollten sie bis zur Weiterverarbeitung in mit Zitronensaft angereichertes Wasser gelegt werden. Die Okraschoten in den letzten 10 Minuten zum Fleisch geben. Den Honig einrühren und mit Salz und Pfeffer abschmecken.

Frisch vom Baum
und garantiert unbe-
handelt – bei diesen
Zitronen können auch
die Schalen ohne
Bedenken ver-
wendet werden.

Zitronen-Lammkoteletts

PIKANTE LAMMKOTELETTS, WIE SIE DIE GRIECHEN
BESONDERS MÖGEN – MIT EINER SÄUERLICHEN KOMPONENTE.

In vielen Küchen südlicher Länder findet sich die Sitte, gebratenes Fleisch mit Zitrone zu aromatisieren. Das hat nicht nur einen geschmacklichen Aspekt, sondern ist durchaus auch sehr gesund. Denn das im Fleisch enthaltene Eisen wird erst durch den gleichzeitigen Verzehr von Vitamin-C-haltigen Zutaten in die für den Verdauungstrakt verwertbare Form gebracht. Wer in diesem Rezept die Marinade etwas schärfer haben will, verwendet auch die Samen und Scheidewände der Chilischote mit, denn in ihnen steckt die Schärfe der Schote. Die Lammkoteletts sollten pro Stück etwa 100 g wiegen.

8 Lammkoteletts mit verlängerten Rippenknochen
Für die Zitronenmarinade:
1 rote Chilischote
1 Knoblauchzehe
abgeriebene Schale von 1 unbehandelten Zitrone
1/4 TL gemahlener Koriander
Salz
40 g Zwiebel
2 EL Zitronensaft
1 EL Honig
2 EL Olivenöl

Außerdem:
3 EL Olivenöl zum Braten
1 bis 2 unbehandelte Zitronen
4 Kirschtomaten
etwas Portulak

1. Die Knochen der Koteletts sauber abschaben.

2. Für die Zitronenmarinade von der Chilischote Stielansatz, Samen und Scheidewände entfernen und das Fruchtfleisch fein hacken. Den Knoblauch schälen und fein hacken.

3. Die Chilistücke, den Knoblauch, die Zitronenschale, den Koriander und das Salz in einem Mörser fein zerreiben. Die Masse in eine kleine Schüssel umfüllen. Die Zwiebel schälen, fein reiben und untermischen. Den Zitronensaft, den Honig und das Öl unterrühren.

4. Die Lammkoteletts mit der Würzmischung bestreichen, zudecken und 2 bis 3 Stunden im Kühlschrank marinieren.

5. Das Olivenöl zum Braten in einer Pfanne erhitzen und die marinierten Koteletts darin von beiden Seiten 3 bis 4 Minuten bei mittlerer Hitze braten. Die Hitze sollte nicht zu stark sein, damit die Würzmischung nicht verbrennt. Die Koteletts herausnehmen und auf vorgewärmte Teller legen.

6. Für die Garnitur die Zitronen in Scheiben schneiden und die Kirschtomaten halbieren. Beides in dem verbliebenen Bratfett kurz anbraten, die Tomaten nur an den Schnittflächen. Neben den Koteletts zusammen mit Portulak anrichten.

Schärfe, Süße und Säure
vereinen sich in der pikanten Marinade, die das
Lammfleisch einerseits
würzt und andererseits
unvergleichlich zart macht.

Lammkarree mit Kräuterkruste

EINE FEINE ART, FLEISCH ZU WÜRZEN UND DABEI OPTISCH SEHR ANSPRECHEND ZU SERVIEREN.

Was sich hinter der meist österreichischen Bezeichnung »Karree« verbirgt, ist nichts anderes als ein Rippenstück. Das Karree vom Lamm eignet sich in idealer Weise zum Braten in der Pfanne. Überzogen mit einer Kräuterkruste, wird es besonders aromatisch. Diese Kräuterkruste ist ebenso geeignet für kurzgebratene Medaillons und Koteletts, aber auch für Ofengerichte wie Lammsattel und Lammkeule.

1 Lammkarree (800 g), pariert gewogen
Salz, frisch gemahlener weißer Pfeffer
1 Schalotte, 70 g Stangensellerie
50 g Zwiebel, 70 g Möhre, 60 g Tomate
je 1 Zweig Rosmarin und Thymian, 1 Lorbeerblatt
Für die Kräuterkruste:
30 g Schalotten, 30 g Petersilie
20 g Estragon, 2 Zweige Thymian
30 g Kerbel, 80 g geriebenes Weißbrot
Salz, frisch gemahlener weißer Pfeffer
Außerdem:
1 TL Dijon-Senf

Frische Kräuter sind das A und O dieser Zubereitung. Ihre Auswahl richtet sich nach der Fleischsorte: Zu Lamm passen am besten Kräuter mit einem kräftigen Aroma, wie Thymian und Rosmarin.

Den aromatischen Mantel bekommt das Fleisch nach dem Garen, wenn es, mit einer dicken Kräuterpaste bestrichen, bei starker Oberhitze knusprig gebraten wird.

1. Das Karree von allem Seiten salzen und pfeffern. Die beim Parieren angefallenen Abschnitte klein würfeln. Eine große Pfanne erhitzen und das Karree darin auf der Fettseite ohne Zugabe von Fett anbraten; die Abschnitte mitanbraten. Das Karree auf jeder Seite etwa 6 Minuten braten, es soll innen noch leicht rosa sein. Herausnehmen, in Folie einschlagen und etwa 6 Minuten bei Zimmertemperatur ruhen lassen.

2. Inzwischen das Fett abgießen, die Abschnitte jedoch in der Pfanne belassen. Das Gemüse putzen und klein schneiden. Mit den Kräutern in die Pfanne geben und bei mittlerer Hitze leicht Farbe nehmen lassen. Mehrmals etwas Wasser aufgießen und immer wieder einkochen lassen.

3. Für die Kräuterkruste die Schalotten schälen und fein würfeln. Die Kräuter klein schneiden. Mit Schalotten und Brotbröseln im Mixer fein mixen und mit Salz und Pfeffer würzen.

4. Das Karree auf der Fettseite dünn mit Senf bestreichen und die Kräutermasse 1/2 cm dick auftragen. Im vorgeheizten Ofen bei starker Oberhitze in etwa 5 Minuten knusprig braten.

5. Die in der Pfanne verbliebene Sauce passieren, abschmecken. Mit dem Lammkarree servieren.

6. Als Beilage eignen sich Kartoffelrösti sowie in Butter geschwenkte Prinzeßbohnen oder – wie in Griechenland üblich – Zucchinigemüse.

Lammpilaw

EIN NAHEZU KLASSISCHES GERICHT
DER GRIECHISCHEN KÜCHE.

Der Pilaw, das ursprünglich orientalische Reisgericht mit Hammel- oder Hühnerfleisch, ist in verschiedenen Ausprägungen von Ägypten bis Indien bekannt. Die einfache Grundzubereitung erklärt seine Beliebtheit: Zunächst Zwiebeln farblos anschwitzen, darin Reis glasig braten, das Fleisch einlegen und, mit siedender Brühe aufgegossen, im geschlossenen Topf im Ofen garen. Darauf aufbauend gibt es zahlreiche Varianten. Je nach Region und Saison unterscheiden sich die Zutaten, und zuweilen wird, wie in diesem Rezept, der Reis separat gekocht und erst bei Tisch mit dem Fleisch angerichtet. Die Kombination von säuerlichen Tomaten und leicht süßlichem Kürbis bietet sich für jene Zeit im Spätsommer an, wenn Kürbisse frisch auf den Markt kommen.

Farbenfroh und gehaltvoll präsentiert sich dieser Pilaw. Dank der Tomaten und dés Kürbisses ist die Reispfanne eine komplette Mahlzeit.

Lammfleisch gehört zu den Grundnahrungsmitteln der griechischen Bevölkerung. Es stammt von Tieren, die unter 12 Monate alt sind, und ist von zarter Konsistenz.

800 g Lammschulter ohne Knochen
Salz, frisch gemahlener Pfeffer
150 g Zwiebeln, 2 Knoblauchzehen
500 g Tomaten, 4 EL Olivenöl, 500 g Speisekürbis
Für den Reis:
30 g Butter, 350 g Pilaw-Reis
100 ml Weißwein, 600 ml Lammfond
1/2 Döschen Safranpulver
Salz, frisch gemahlener Pfeffer
Außerdem:
2 EL gehackte Kräuter (Petersilie, Rosmarin)

1. Das Lammfleisch in etwa 2 cm große Stücke schneiden. Salzen und pfeffern.

2. Die Zwiebeln und den Knoblauch schälen und fein hacken. Die Tomaten blanchieren, häuten, Samen und Stielansätze entfernen und das Fruchtfleisch in etwa 1 cm große Stücke schneiden.

3. Das Olivenöl in einer entsprechend großen Pfanne erhitzen. Die Zwiebeln und den Knoblauch darin kurz anschwitzen. Das gewürfelte Lammfleisch zugeben und bei starker Hitze rundherum kräftig anbraten.

4. Die Tomaten zum Fleisch geben und die Hitze reduzieren. Die Pfanne mit einem Deckel zudecken und alles 30 bis 35 Minuten schmoren.

5. Den Kürbis schälen. Die Kerne entfernen und das Fruchtfleisch in etwa 1 cm große Stücke schneiden. In den letzten 8 bis 10 Minuten zum Fleisch geben und garen.

6. Inzwischen die Butter in einem Topf zerlassen und den Reis darin glasig anschwitzen. Mit Weißwein und Lammfond aufgießen. Den Safran unterrühren, salzen und pfeffern. Aufkochen, die Hitze reduzieren und in 18 bis 20 Minuten garen.

7. Das Lammfleisch unter den gegarten Reis heben. Petersilie und Rosmarin untermischen und nochmals abschmecken.

Fleischklößchen in pikanter Sauce

BEGLEITET VON EINEM BUNTEN GEMÜSEPILAW, JENEM REISGERICHT, DAS IN ENDLOSEN VARIATIONEN ZUBEREITET WIRD.

Für die Fleischklößchen:
500 g Hackfleisch vom Rind, 50 g Langkornreis
80 g Zwiebeln, 4 Knoblauchzehen
1 TL gemahlener Kreuzkümmel
1 TL frisch gehackter Oregano
1 EL gehackte Petersilie, 2 EL gehackte Minze
Salz, frisch gemahlener schwarzer Pfeffer
4 EL Olivenöl zum Braten

Für den Gemüsepilaw:
300 g Langkornreis, 1/2 TL Safranfäden
120 g Zwiebeln, 80 g Lauch
120 g Möhren, 120 g Zucchini, 150 g grüne Bohnen
150 g festkochende Kartoffeln, 200 g Tomaten
3 EL Olivenöl, Salz, schwarzer Pfeffer
je 1 EL Petersilie, Dill und Minze, gehackt
Saft und Schale von 1/2 unbehandelten Zitrone
700 ml heißer Gemüsefond

Für die Tomatensauce:
1 kg reife Tomaten, 80 g Zwiebeln
3 Knoblauchzehen, 3 EL Olivenöl
1/2 TL gemahlener Zimt, 1 EL Thymianhonig
150 ml Gemüsefond, Salz, schwarzer Pfeffer
je 1 EL Petersilie, Minze und Basilikum, gehackt

1. Das Fleisch in eine Schüssel geben. Den Reis in kochendem Salzwasser 10 Minuten garen, abseihen, kalt abschrecken und zum Fleisch geben. Die Zwiebeln und den Knoblauch schälen und sehr fein hacken. Mit Kreuzkümmel, Oregano, Petersilie und Minze zum Fleisch geben, salzen und pfeffern. Alles gut miteinander verkneten. Aus der Masse etwa 20 Bällchen zu je 30 g formen und diese zu 5 cm langen Röllchen formen. Zudecken, bis zur Weiterverarbeitung in den Kühlschrank stellen.

2. Für den Pilaw den Reis waschen, in einer Schüssel mit kaltem Wasser bedecken und 20 Minuten stehen lassen. Die Safranfäden in wenig heißem Wasser einweichen. Das Gemüse putzen beziehungsweise schälen. Die Zwiebeln in Ringe, den Lauch, die Möhren und die Zucchini in Scheiben, die Bohnen in 1 cm große Stücke und die Kartoffeln in 1 cm große Würfel schneiden. Die Tomaten häuten und das Fruchtfleisch würfeln. Das Öl in einem großen Topf erhitzen, die Zwiebeln und den Lauch darin glasig schwitzen. Den Safran und das Gemüse kurz mitdünsten, salzen und pfeffern. Den Reis abseihen und auf dem Gemüse verteilen. Die Kräuter daraufstreuen, Zitronensaft und -schale zufügen und den Fond zugießen. Zudecken und den Pilaw 15 Minuten köcheln lassen. Von der Kochstelle nehmen. Den Deckel in ein Tuch wickeln und wieder auf den Topf setzen. An einem warmen Ort 20 Minuten stehen lassen, damit der Reis ausdampfen kann. Den Pilaw abschmecken.

3. Für die Sauce die Tomaten blanchieren, abschrecken, häuten, halbieren, Stielansätze und Samen entfernen und das Fruchtfleisch klein würfeln. Die Zwiebeln und den Knoblauch schälen und fein hacken. Das Öl in einem Topf erhitzen und Zwiebeln und Knoblauch darin farblos anschwitzen. Den Zimt und den Honig zufügen und rühren, bis der Honig karamelisiert. Die Tomatenstücke zugeben, den Fond zugießen, salzen, pfeffern, zudecken und bei nicht zu starker Hitze 20 Minuten köcheln. Durch ein Sieb passieren und die Kräuter untermischen.

4. Das Öl zum Braten in einer Pfanne erhitzen und die Hackfleischklößchen darin rundherum anbraten. Herausnehmen, abtropfen lassen, in die passierte Tomatensauce legen und darin 5 Minuten köcheln lassen. In der Tomatensauce mit dem Gemüsepilaw servieren.

Pfefferminze und Honig würzen viele Gerichte der griechischen Küche. Vor allem Hackfleischbällchen erhalten erst durch Minze ihren ausgefallenen Geschmack.

Lammspieß

MIT SAFRANREIS SERVIERT – EIN TÜRKISCHES
NATIONALGERICHT AUS BESTEN ZUTATEN.

Diese einfache und dennoch raffinierte Art,
Fleisch vom Schaf zu grillen, findet sich in vielen
Regionen. Neben dem zarten Lammfleisch wird
zuweilen auch Hammelfleisch dafür verwendet.
Dieses stammt von weiblichen oder männlichen
kastrierten Tieren, die ein bis zwei Jahre alt sind.
Im Gegensatz zu dem feinfaserigen Lammfleisch
ist es etwas fester und marmorierter.

400 g ausgelöster Lammrücken
400 g Lammnieren (etwa 8 Stück)
120 g durchwachsener Speck
150 g rote Paprikaschoten
100 g grüne Paprikaschoten (zum Beispiel Dolma)
4 Grillzwiebeln (60 g)
Für die Marinade:
1/8 l Olivenöl, 1 Knoblauchzehe
1 rote Chilischote
1 Stück Schale von unbehandelter Zitrone
1 EL gehackte Kräuter (Oregano, Rosmarin, Thymian)
1 TL Paprikapulver
Salz, grob gemahlener schwarzer Pfeffer
Für den Safranreis:
40 g Zwiebel, 2 EL Pflanzenöl
300 g Langkornreis, 600 bis 700 ml Gemüsefond
Salz, 1 Döschen Safranpulver
30 g Rosinen

1. Das Lammfleisch in Würfel mit etwa 4 cm Kantenlänge schneiden. Von den Nieren den noch
vorhandenen Talg entfernen. Dazu das Fett an
jenen Stellen, wo es angewachsen ist, vorsichtig
abschneiden und abziehen. Die Nieren von der
abgerundeten Seite aus längs halbieren, kurz kalt
wässern und trockentupfen. Die dünne Außen-

Kebab ist ein beliebtes
Essen in der Türkei.
Das mit Zwiebeln und
Paprika aufgespießte
Lammfleisch erlangt
durch das Grillen über
Holzkohle seinen
charakteristischen
Geschmack.

haut abziehen und die innenliegenden Harnleiter
und Fettablagerungen entfernen.

2. Den Speck in dünne Scheiben schneiden. Jede
halbierte Niere in eine Speckscheibe wickeln. Die
Paprikaschoten waschen, halbieren, Stielansätze,
Samen und Scheidewände entfernen und das
Fruchtfleisch in etwa 3 cm große Würfel schnei-
den. Die Zwiebeln schälen.

3. Für die Marinade das Öl in eine entsprechend
große Form gießen. Den Knoblauch schälen und
in feine Scheiben schneiden. Die Chilischote hal-

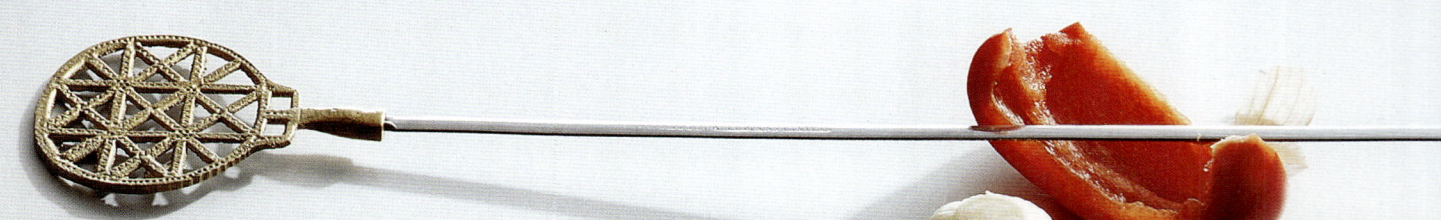

bieren, Samen und Scheidewände entfernen und das Fruchtfleisch fein hacken. Die Zitronenschale in feine Streifen schneiden. Knoblauch, Kräuter, Chilistücke, Zitronenschale, Paprikapulver, Salz und Pfeffer unter das Öl mischen. Das Fleisch, die Nieren und das Gemüse in die Marinade legen und gut damit benetzen. Die Form mit Folie abdecken und 3 bis 4 Stunden zum Marinieren in den Kühlschrank stellen.

4. In der Zwischenzeit für den Reis die Zwiebel schälen und sehr fein hacken. Das Öl in einer Kasserolle erhitzen und die Zwiebel darin farblos anschwitzen. Den Reis zufügen und farblos mitschwitzen. Den Gemüsefond, Salz und Safran einrühren und den Reis etwa 20 Minuten bei geringer Hitze köcheln lassen. In den letzten 5 Minuten die Rosinen untermischen.

5. Das Fleisch, die Nieren und das Gemüse aus der Marinade nehmen und trockentupfen. Abwechselnd auf 2 große Spieße stecken. Die Spieße auf den heißen Holzkohlengrill legen und unter häufigem Wenden 10 bis 15 Minuten grillen. Während des Grillens immer wieder mit der Marinade bepinseln.

Geschmorte Lammhaxenscheiben

IN EINER SÄMIGEN SAUCE MIT VIEL GEMÜSE SERVIERT, ÄHNLICH
DEM ITALIENISCHEN »OSSOBUCO«.

Speisekürbisse und Paprikaschoten sind nur zwei der vielzähligen Gemüsearten, die in der Türkei gedeihen und die Küche des Landes so abwechslungsreich gestalten. In Verbindung mit Lammfleisch gibt es viele Rezepte.

3 Lammhaxen (je etwa 500 g)
Salz, frisch gemahlener Pfeffer
100 g Zwiebeln, 3 Knoblauchzehen
2 rote Chilischoten, 500 g Tomaten
4 EL Pflanzenöl
600 ml Lammfond
700 g Speisekürbis, 300 g grüne Paprikaschoten
Salz, grob gemahlener schwarzer Pfeffer
2 EL gehackte Pfefferminze
Für den Pilaw:
50 g Zwiebel, 30 g Butter
40 g Pinienkerne
250 g Langkornreis
1/2 l Geflügelbrühe
Salz, frisch gemahlener Pfeffer
1 TL gemahlener Kreuzkümmel

1. Die Lammhaxen in etwa 3,5 cm dicke Scheiben schneiden, salzen und pfeffern. Die Zwiebeln und den Knoblauch schälen und fein hacken. Die Chilischoten halbieren, Samen und Scheidewände entfernen und das Fruchtfleisch in feine Streifen schneiden. Die Tomaten kurz blanchieren, kalt abschrecken, häuten, Stielansätze und Samen entfernen und das Fruchtfleisch würfeln.

2. Das Öl in einem Schmortopf erhitzen und die Lammscheiben darin von beiden Seiten anbraten. Die Zwiebeln, den Knoblauch und die Chilistreifen kurz mitbraten. Die Tomatenwürfel zugeben und die Hälfte des Fonds angießen. Den Schmortopf mit seinem Deckel verschließen und in den auf 200 °C vorgeheizten Ofen stellen. Die Lammscheiben 1 1/2 Stunden schmoren, dabei immer wieder mit dem restlichen Fond begießen.

3. In der Zwischenzeit den Kürbis schälen, entkernen und das Fruchtfleisch in etwa 2 cm große Stücke schneiden. Die Paprikaschoten halbieren, Samen und Scheidewände entfernen und in 1,5 cm große Stücke schneiden. Nach Ablauf der angegebenen Schmorzeit zum Fleisch geben und weitere 20 Minuten schmoren. Den Braten aus dem Ofen nehmen, mit Salz und Pfeffer abschmecken und die Pfefferminze einstreuen.

4. Für den Pilaw die Zwiebel schälen und fein hacken. Die Butter in einem Topf zerlassen und die Zwiebelwürfel darin glasig anschwitzen. Die Pinienkerne einrühren. Den Reis zufügen und mitschwitzen, bis er glasig ist. Die Brühe zugießen, salzen, pfeffern und den Kreuzkümmel einstreuen. Den Reis unter gelegentlichem Rühren in 15 bis 20 Minuten garen.

5. Die Lammhaxenscheiben mit dem Gemüse und dem Pilaw auf Tellern anrichten.

Pfefferminze ist ein höchst beliebtes Gewürz für Lamm- und Ziegenfleisch. Mit ihrem erfrischenden Aroma paßt sie darüber hinaus sehr gut zum eher süßlichen Geschmack von Kürbis.

Ragout vom Zicklein

ALS EINTOPF MIT FENCHEL UND ERBSEN ZUBEREITET.
DAZU PASST FRISCH GEBACKENES FLADENBROT.

Fladenbrot ist des Menschen tägliches Brot in vielen Anrainerstaaten rund ums Mittelmeer, vor allem in den nordafrikanischen Küstenländern. In Tunesien wird es auch als Beilage zu saftigen Fleischragouts verzehrt.

1,4 kg Zickleinfleisch (Rücken u. Brust mit Knochen)
120 g Zwiebeln
3 Knoblauchzehen
30 g Petersilienwurzel
100 ml Olivenöl
Salz, frisch gemahlener Pfeffer
15 g Mehl
400 ml Weißwein

Reichlich Zitronensaft sorgt für die geschmackliche Abrundung des Ragouts. Wenn gewünscht, kann die Gemüsekomponente variiert werden: statt Fenchelknollen frische Artischockenböden.

Große Steinöfen sind für die traditionelle Zubereitung der Fladenbrote nötig. Durch den hohen Anteil an Hefe bläht sich das Brot gut auf und bildet eine schöne Kruste.

Für das Fenchelgemüse:
400 g Fenchel
400 g Erbsenschoten (netto 150 g)
Saft von 2 Zitronen
2 Eigelbe
1 EL gehackte Minze
Außerdem:
etwas gehacktes Fenchelgrün
1 EL gehackte Petersilie

1. Das Fleisch mit den Knochen in etwa 4 cm große Stücke teilen. Die Zwiebeln und die Knoblauchzehen schälen und fein hacken. Die Petersilienwurzel putzen und klein würfeln.

2. Das Öl in einem großen Topf erhitzen und das Fleisch darin rundum anbraten. Die Zwiebeln, den Knoblauch und die Petersilienwurzel kurz mitbraten, bis sie glasig sind. Mit Salz und Pfeffer würzen. Das Mehl darüberstauben, gut unterrühren und 1 bis 2 Minuten mitbraten. Den Wein angießen. Unter gelegentlichem Rühren zum Kochen bringen, die Hitze reduzieren, den Deckel auflegen und 40 bis 50 Minuten köcheln lassen.

3. Für das Fenchelgemüse die Knollen waschen, mit Küchenpapier abtrocknen, den Wurzelansatz und die grünen Stengel entfernen, dabei etwas Fenchelgrün zur Seite legen. Die Knollen vierteln,

nach 20 Minuten zum Fleisch geben und mitköcheln lassen. Die Erbsen auspalen, in sprudelnd kochendem Salzwasser blanchieren und kalt abschrecken. In den letzten 5 Minuten der Garzeit des Fenchels zugeben.

4. Den Zitronensaft mit den Eigelben schaumig schlagen und die Minze unterheben. Das Ragout vom Herd nehmen, die Mischung unterrühren und kurz im offenem Topf mit erwärmen, die Sauce darf jedoch nicht kochen, da sie sonst gerinnt.

5. Das Ragout auf Tellern anrichten und mit dem Fenchelgrün und der Petersilie bestreuen.

Vom Safran bekommt die Lammschulter nicht nur ihre gelbe Farbe, sondern auch jede Menge Geschmack. Die Gewürzpaste wird auch während des Bratens auf das Fleisch gestrichen, um möglichst intensiv einzuwirken.

Lammschulter, mit Couscous gefüllt

DIESES SEHR WÜRZIG GEBRATENE LAMM WIRD IN MAROKKO MIT SAFRANREIS SERVIERT.

Die süßliche Couscous-Füllung setzt dem Lamm einen raffinierten geschmacklichen Kontrapunkt. Couscous, speziell präparierter Weizengrieß, ernährt große Teile der arabischen Bevölkerung, wobei der Name sowohl für das Grundprodukt als auch für das aus ihm zubereitete Gericht steht.

1 ganze Lammschulter (etwa 1 kg)
Salz, frisch gemahlener Pfeffer
Für die Couscous-Füllung:
100 g Weizengrieß, Salz, 1/2 TL Olivenöl
70 ml lauwarmes Wasser, 1 Ei, 20 g weiche Butter
50 g Rosinen, 50 g geschälte, gehackte Mandeln
je 1 Messerspitze Zimt und edelsüßes Paprikapulver
je 1 Messerspitze Zucker und Salz
Für die Gewürzpaste:
30 g weiche Butter, 2 Knoblauchzehen, 50 g Zwiebel
Salz, 1 Döschen Safranpulver
1/4 TL frisch geriebene Ingwerwurzel
Für das Röstgemüse:
je 80 g Zwiebeln, Möhren, Lauch und Knollensellerie
3 EL Pflanzenöl, 300 g Lammknochen
400 ml Lammfond
Außerdem:
grüne Oliven, Koriandergrün

Auf den Märkten von Marrakesch ist die Auswahl an Oliven sehr groß. Die Händler bieten die frische Ware aufgetürmt an. Oliven sind in Marokko eine beliebte Beilage zu Fleischgerichten.

1. Die Lammschulter entbeinen, die Vorderhaxe dabei aber ganz lassen. Das Fleisch aufklappen, salzen und pfeffern. Zudecken und kühl stellen.

2. Für den Couscous den Grieß auf einem Backblech ausbreiten, salzen, mit Olivenöl beträufeln und mit dem Wasser begießen. Den Grieß so zwischen den Händen reiben, daß kleine Kügelchen entstehen. In ein feines Sieb geben, in einen Topf über kochendes Wasser setzen und 20 Minuten dämpfen, dabei immer wieder mit einer Gabel auflockern, damit er nicht zusammenklebt. Herausnehmen, in eine Schüssel umfüllen und 10 Minuten trocknen lassen. Das Ei, die Butter, die Rosinen, die Mandeln und die Gewürze zugeben und alles gut miteinander vermischen. Die Füllung auf dem Lammfleisch verteilen, zusammenklappen und zunähen.

3. Für die Paste die Butter in eine Schüssel geben. Den Knoblauch und die Zwiebel schälen und sehr fein hacken. Mit den Gewürzen zur Butter geben und alles gut miteinander verrühren. Die Hälfte der Paste mit einem Messer gleichmäßig auf der gefüllten Schulter verteilen.

4. Das Röstgemüse schälen beziehungsweise putzen und in Stücke schneiden. In einem Bräter das Öl erhitzen und die Knochen sowie das Gemüse darin anbraten. Mit 1/8 l Fond ablöschen. Die Schulter mit der genähten Seite nach unten einlegen. Bei 180 °C im vorgeheizten Ofen 60 Minuten braten, nach 30 Minuten mit der restlichen Paste bestreichen. Mit dem restlichen Lammfond nach und nach begießen. Das Fleisch herausnehmen und 10 Minuten ruhen lassen. Die Sauce durch ein feines Sieb passieren, etwas einkochen lassen und abschmecken. Die gefüllte Schulter in Scheiben schneiden. Mit grünen Oliven und Koriandergrün servieren.

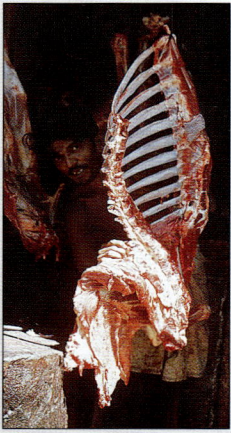

Direkt vor den Augen der Verbraucher setzt dieser Metzger auf einem Wochenmarkt in Sri Lanka das Messer ans Fleisch. Die Ware muß dann allerdings schnell verkauft werden.

Satay-Curry

RINDFLEISCHCURRY AUF SPIESSCHEN, PIKANT ZUBEREITET.

Das bevorzugte Kochfett Indiens und Sri Lankas trägt den Namen »Ghee«. Zubereitet wird es aus Büffel- oder Kuhmilch, indem man Butter so lange köcheln läßt, bis die Flüssigkeit verdampft ist. Sein Aroma ist kräftig, süßlich. Ghee läßt sich gut durch Butterschmalz (geklärte Butter) ersetzen. Wer möchte, kann bei diesem Rezept auch einfach Pflanzenöl verwenden.

750 g Rinderfilet
Für die Gewürzpaste:
20 g frische Kurkuma, 1 TL grobes Salz
1/2 TL frisch gemahlener schwarzer Pfeffer
Für die Sauce:
100 g Zwiebeln, 2 Knoblauchzehen
10 g frischer Ingwer, 1 rote Chilischote
2 EL Ghee oder Pflanzenöl
1/2 TL Bockshornkleesamen, 10 frische Curryblätter
je 1 EL gemahlener Koriander und Kreuzkümmel
je 1/2 TL gemahlener Fenchel und Kardamom
1 Messerspitze gemahlene Nelken
600 ml Kokosmilch, Salz
Für die Spieße:
70 g frischer Ingwer, 4 Knoblauchzehen
2 bis 3 EL Ghee oder Pflanzenöl
Außerdem:
250 g Basmatireis, 1/2 l Wasser, Salz
Korianderblättchen zum Garnieren

1. Das Rinderfilet in etwa 2 cm große Würfel schneiden. Die Kurkuma schälen, fein reiben, in einen Mörser geben und mit Salz und Pfeffer fein zerreiben. Die Fleischwürfel mit der Gewürzpaste einreiben, zudecken, 1 Stunde kühl marinieren.

2. Für die Sauce Zwiebeln und Knoblauch schälen und sehr fein hacken. Den Ingwer schälen und fein reiben. Das Fruchtfleisch der Chilischote in Streifen schneiden. Das Fett in einem Topf erhitzen und darin die Bockshornkleesamen und

Curry ist nicht gleich Curry. Die sämigen Saucen, die zu Fleisch passen, tragen diesen Namen ebenso wie ganze Ragouts oder die allseits bekannten Gewürzmischungen in Pulverform.

die Curryblätter anrösten. Zwiebeln, Knoblauch und Ingwer zugeben und bei mittlerer Hitze unter Rühren in 10 Minuten goldgelb braten. Chili, Koriander, Kreuzkümmel, Fenchel und Kardamom 2 Minuten mitbraten. Die Kokosmilch zugießen, glattrühren, salzen und bei schwacher Hitze unter Rühren 15 bis 20 Minuten offen köcheln lassen.

3. Den Reis kalt abspülen, in einer Schüssel mit kaltem Wasser bedecken, 30 Minuten einweichen

lassen, abseihen und abtropfen. Mit dem Wasser in einen Topf füllen, salzen und aufkochen. Die Hitze reduzieren und den Reis 15 Minuten köcheln lassen, bis er die Flüssigkeit aufgesogen hat.

4. Für die Spieße den Ingwer schälen und in 2 mm dicke Scheiben schneiden. Den Knoblauch schälen und in Scheiben schneiden. Beides abwechselnd mit den marinierten Fleischwürfeln auf Bambus- oder Holzspieße stecken. Das Fett in einer Pfanne erhitzen und die Fleischspieße darin rundherum 8 bis 10 Minuten braten.

5. Nach Geschmack die Spieße noch 5 Minuten in der Sauce ziehen lassen oder sofort auf dem Reis anrichten und mit der Sauce beträufeln. Mit Korianderblättchen garnieren.

Lammcurry

EIN GOLDGELBES GERICHT VON CREMIGER KONSISTENZ UND MILDEM GESCHMACK.

Cashewnüsse, Erdnüsse, Kichererbsen, Sesamsamen und Kokosmilch zeichnen, neben vielen anderen Zutaten, verantwortlich für die Würzung dieses Fleischragouts.

1 kg Lammfleisch ohne Knochen (aus der Keule)
Für die Gewürzpaste:
10 g Cashewnüsse, 10 g geschälte ganze Mandeln
10 g Erdnüsse, 20 g Kichererbsen, 1 EL Sesamsamen
6 getrocknete rote Chilischoten, ohne Samen
60 g feingehackte Zwiebel
2 TL Koriandersamen, 1 TL Kreuzkümmel
50 g frisch geriebene Kokosnuß, 1/8 l kaltes Wasser
Für die Kokosmilch:
150 g frisches Kokosnußfleisch, 1/2 l heißes Wasser
Für das Tamarindenwasser:
20 g Tamarindenmark, 1/8 l heißes Wasser
Außerdem:
400 g kleine, festkochende Kartoffeln, 300 g Zwiebeln
8 EL Pflanzenöl, 3 Nelken
1 Zimtstange (etwa 5 cm), 10 schwarze Pfefferkörner
10 frische oder getrocknete Curryblätter
Salz, 1/2 l Wasser
20 g frisch geriebene Kurkuma oder 2 TL Pulver
2 Chilischoten, halbiert und ohne Samen
1 EL gehacktes Koriandergrün, 1 TL gehackte Minze

1. Für die Gewürzpaste die Cashewnüsse, die Mandeln, die Erdnüsse, die Kichererbsen und den Sesam in einer beschichteten Pfanne 3 bis 4 Minuten rösten. Die Chilischoten, die Zwiebel, die Koriandersamen, den Kreuzkümmel und die Kokosnußraspel weitere 3 bis 4 Minuten mitrösten. Alles in einem Mixer mit dem kalten Wasser zu einer glatten Paste verarbeiten. Herausnehmen, beiseite stellen, den Mixaufsatz auswaschen.

2. Für die Kokosmilch vom Kokosnußfleisch mit einem Kartoffelschäler oder Messer die braune Haut abschälen. Das Fruchtfleisch abwaschen. Im Mixer mit dem heißem Wasser fein pürieren. Durch ein Sieb passieren, dabei das Fruchtfleisch mit einem Löffel ausdrücken. Die entstandene Milch beiseite stellen.

3. Für das Tamarindenwasser das Tamarindenmark in einer Schüssel mit dem heißen Wasser übergießen und 30 Minuten ziehen lassen. Abseihen, dabei das Mark gut ausdrücken. Das Tamarindenwasser beiseite stellen.

4. Die Kartoffeln schälen und längs halbieren. Die Zwiebeln schälen und in feine Ringe schneiden. Das Fleisch in etwa 3 cm große Stücke schneiden.

5. Das Öl in einem großen Topf erhitzen. Die Nelken, die Zimtstange, die Pfefferkörner und die Curryblätter darin 2 Minuten anbraten. Die Kartoffeln zugeben, kurz anbraten, salzen und wieder herausnehmen.

6. Die Fleischwürfel in dem Topf rundum anbraten, die Zwiebelringe zufügen und mitbraten. Das Wasser aufgießen, salzen und das Fleisch bei mittlerer Temperatur 30 Minuten köcheln lassen. Die Gewürzpaste, die Kurkuma, die Chilihälften und das Tamarindenwasser weitere 10 Minuten mitköcheln. Die angebratenen Kartoffeln, die Kokosmilch und die gehackten Kräuter einrühren. Abschmecken und weitere 20 Minuten köcheln lassen. Mit etwas Koriandergrün bestreuen.

Der aromatische Basmatireis ist die ideale Begleitung für solch ein würziges Curry.

Gewürzte Lammkeule

EIN FESTLICHER BRATEN, DER DIE LANGE ZUBE-
REITUNGSZEIT MIT BESTEM GESCHMACK BELOHNT.

Lammfleisch und Gewürze – ein endloses Thema
mit vielen Variationen. Auch die indische Küche
kennt jede Menge Rezepte, eines besser als das
andere. Bei diesem Gericht werden Kreuzkümmel, Kardamom, Nelken und Zimt vor der eigentlichen Zubereitung ohne Fett geröstet, damit sich
ihr Aroma noch intensivieren kann. Erst dann dürfen sie die geschmackliche Verbindung mit den
anderen Gewürzen eingehen. Eingerieben mit
dieser Fülle von Geschmacksstoffen und Aromen,
nimmt das Fleisch die Würzung beim langsamen
Marinieren über Nacht auf. Serviert wird der fertige Braten mit Reis.

Eine knusprige Kruste
ist das Ergebnis dieser
Zubereitung. Dafür muß
die Keule zum Schluß
etwa 30 Minuten ohne
Abdeckung im Ofen
ausharren.

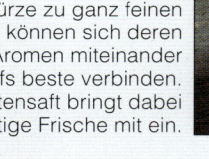

Die Kunst des Würzens
versteht man in der
indischen Küche in
Perfektion. Durch das
ausgiebige Mahlen der
Gewürze zu ganz feinen
Pasten können sich deren
Aromen miteinander
aufs beste verbinden.
Limettensaft bringt dabei
die nötige Frische mit ein.

Für 6 bis 8 Portionen
1 Lammkeule (etwa 2 kg)
Für Gewürzpaste:
1 TL Kreuzkümmel, 4 Kardamomkapseln
8 Nelken, 1 Zimtstange (etwa 5 cm)
120 g Zwiebeln, 4 Knoblauchzehen
2 rote Chilischoten, 1 TL grobes Salz
10 g frischer Ingwer, 10 g frische Kurkuma
1/2 TL schwarze Pfefferkörner, Saft von 2 Limetten
Für die Marinade:
20 g gehackte Pistazien, 1 EL ungeschälter Sesam
50 g Joghurt (3,5 % Fett), 1 EL Honig
1 EL gehacktes Koriandergrün

1. Für die Gewürzpaste den Kreuzkümmel, den
Kardamom, die Nelken und den Zimt in einer beschichteten Pfanne ohne Zugabe von Fett rösten,

bis die Gewürze zu duften beginnen, herausnehmen und abkühlen lassen. Die Zwiebeln und den Knoblauch schälen und sehr fein hacken. Die Chilischoten halbieren, Samen und Scheidewände entfernen und das Fruchtfleisch klein schneiden. Die gerösteten Gewürze in einem Mörser zerstoßen. Ingwer und Kurkuma fein reiben, mit Salz, Zwiebeln, Knoblauch, Chilistücken, Pfefferkörnern und Limettensaft zu einer feinen Paste verarbeiten.

2. Von der Lammkeule das sichtbare Fett und die Sehnen abschneiden. Mit einem sehr scharfen Messer die Keule kreuzweise einschneiden. Die Gewürzpaste sorgfältig in die Einschnitte reiben und das Fleisch ringsherum damit einreiben. Die Keule in eine entsprechend große, feuerfeste

Form legen, diese mit Alufolie verschließen und über Nacht im Kühlschrank marinieren lassen.

3. Für die Marinade die Pistazien und den Sesam im Mörser sehr fein zerreiben. In eine Schüssel geben und mit dem Joghurt, dem Honig und dem Koriandergrün verrühren. Die Keule aus dem Kühlschrank nehmen und die Marinade gleichmäßig darüber verteilen.

4. Die Form wieder mit Alufolie verschließen und bei 190 °C im vorgeheizten Ofen 70 bis 80 Minuten garen. In den letzten 20 bis 30 Minuten die Folie abnehmen, damit die Kruste knusprig und braun wird. Das Fleisch bis zum Aufschneiden etwa 15 Minuten ruhen lassen, damit sich der Fleischsaft verteilen kann.

Beef-Curry mit Reis

ZU DER TÄGLICHEN PORTION REIS ZUR ABWECHSLUNG EIN
GESCHMACKSINTENSIVES CURRY NAMENS CHIANG MAI.

Ähnlich wie für das Pfannenrühren im Wok sollten bei diesem Rezept alle Zutaten schnittfertig vorbereitet und griffbereit zur Hand stehen, bevor die eigentliche Zubereitung beginnt. Die Gewürze entfalten ihren betörenden Duft durch das Vermahlen im Mörser besonders intensiv.

600 g Rindfleisch (zum Beispiel aus der Oberschale)
2 EL Pflanzenöl, 1/2 l Kokosmilch
Für die Würzpaste:
20 g Zitronengras, 40 g Schalotten, 4 Knoblauchzehen
20 g frischer Ingwer, 3 grüne Chilischoten
10 g Garnelenpaste, 40 g gelbe Bohnensauce
2 EL Currypulver
30 g Palmzucker, ersatzweise brauner Zucker, Salz
Für den Tamarindensaft:
1 TL Tamarindenpaste, 80 ml Wasser
Für den Reis:
300 g thailändischer Duftreis (Langkornreis)
600 ml Salzwasser zum Kochen
Außerdem:
etwas Koriandergrün

1. Das Fleisch in etwa 1 cm breite Streifen schneiden. Das Öl in einem Topf erhitzen und das Fleisch darin unter Wenden kurz anziehen lassen, ohne daß es Farbe annimmt. Die Kokosmilch verrühren und zugeben. Zum Kochen bringen, die Hitze reduzieren und zugedeckt 35 bis 40 Minuten köcheln lassen.

2. Für die Würzpaste das Zitronengras putzen und in ganz feine Scheibchen schneiden. Die Schalotten, den Knoblauch und den Ingwer schälen und ganz fein hacken. Das Fruchtfleisch der Chilischoten in feine Streifen schneiden. Zusammen mit der Garnelenpaste im Mörser zu einer Paste fein zerreiben und in eine kleine Schüssel füllen. Die Bohnensauce, das Currypulver, den Zucker und nach Bedarf etwas Salz unterrühren. Die Tamarindenpaste mit dem Wasser in einer kleinen Schüssel glattrühren.

3. Die Würzpaste und den Tamarindensaft zum Fleisch geben und weitere 10 Minuten zugedeckt köcheln lassen. Abschmecken.

4. Inzwischen den Reis in einem Sieb unter fließendem kaltem Wasser abbrausen, abtropfen lassen. Mit dem Salzwasser in einem Topf zugedeckt zum Kochen bringen. Die Hitze reduzieren und den Reis bei schwacher Hitze 15 bis 20 Minuten garen. Sobald die Flüssigkeit aufgesogen ist, den Topf vom Herd nehmen und den Reis noch 5 Minuten ausquellen lassen. Den Reis mit dem Curry in Schälchen anrichten und mit Koriandergrün garnieren.

Schweinehals mit Chilisauce

DAZU PASST MIT KURKUMA GEWÜRZTER THAILÄNDISCHER DUFTREIS.

Scharfe Saucen aller Art gehören zur thailändischen Küche wie anderswo Salz und Pfeffer. Die klimatischen Bedingungen des Landes begünstigen den Anbau von Chilipflanzen, und so sind deren Früchte Bestandteil vieler Würzsaucen.

Sortennamen spielen im Handel mit thailändischen Chillies kaum eine Rolle. Vielmehr werden die Schoten nach ihrer Farbe angeboten: Längliche breite Chillies heißen etwa Thai red, Thai yellow und Thai green, schlanke, kleine Chillies zum Beispiel hot red und hot green.

1 kg Schweinehals ohne Knochen
Für die Marinade:
5 Knoblauchzehen
20 g Korianderwurzel (ersatzweise Petersilienwurzel)
15 g schwarze Pfefferkörner, 1 EL helle Sojasauce
1 EL Austernsauce
20 g Palmzucker oder brauner Zucker
Zum Braten:
3 EL Pflanzenöl, 300 ml Fleischbrühe
Für die Chilisauce:
60 g Schalotten, 3 rote Chilischoten
10 ml Limettensaft, 60 ml Fischsauce

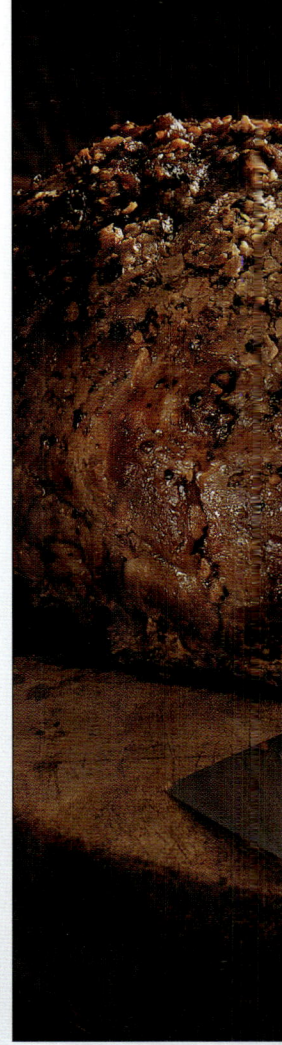

Solch ein saftiger Braten, in dünne Scheiben geschnitten und von scharfen Saucen begleitet, dient in Thailand als Vorspeise oder als kleines Zwischengericht bei größeren Menüs. Die Portionen sind dann allerdings kleiner.

Für den Reis mit Kurkuma:
30 g Frühlingszwiebel
20 g frische Kurkuma
2 EL Erdnußöl
250 g thailändischer Duftreis
1/2 l Geflügelfond, Salz

1. Für die Marinade die Knoblauchzehen und die Korianderwurzel schälen und grob zerkleinern. Mit den Pfefferkörnern in einem Mörser fein zerreiben. Die Sojasauce, die Austernsauce und den Zucker zugeben und alles gut miteinander verrühren. Den Schweinehals in eine große Form legen und mit der Marinade von allen Seiten einpinseln. Mit Folie zudecken und über Nacht im Kühlschrank marinieren lassen.

2. Das Öl in einem Bräter erhitzen und den marinierten Schweinehals einlegen. Bei 180 °C im vorgeheizten Ofen etwa 80 Minuten knusprig braten, dabei ab und zu mit der Brühe begießen. Den Braten herausnehmen, in Alufolie wickeln und ruhen lassen, damit sich der Fleischsaft verteilt.

3. Für den Reis die Frühlingszwiebel putzen und in feine Scheiben schneiden. Die Kurkuma schälen und sehr fein reiben, dabei am besten Einmalhandschuhe tragen, um die Finger nicht gleich mitzufärben. Das Öl in einer großen Kasserolle erhitzen und die Frühlingszwiebel darin hell anschwitzen. Die geriebene Kurkuma und den Reis untermischen. Den Fond zugießen, mit Salz würzen und einmal aufkochen lassen. Die Hitze

reduzieren und den Reis 15 Minuten köcheln lassen, dabei ab und zu umrühren.

4. In der Zwischenzeit für die Chilisauce die Schalotten schälen und in feine Ringe schneiden. Die Chilischoten halbieren, Stielansätze, Samen und Scheidewände entfernen und das Fruchtfleisch ganz fein hacken. Die Schalottenringe und die Chilistücke mit dem Limettensaft und der Fischsauce in einer kleinen Schüssel gut miteinander vermischen.

5. Den Braten aus der Alufolie wickeln und auf einem Tranchierbrett mit Saftrinne in dünne Scheiben schneiden. Den Reis und die Chilisauce dazu servieren.

Gefüllte Pfannkuchen

MIT EINER HERZHAFTEN MISCHUNG AUS SCHWEINEFLEISCH, GARNELEN UND REIS.

Eine Zubereitungsart, die in der gesamten Region des ehemaligen Indochina üblich ist.

Für den Teig:
40 g getrocknete gelbe Mungbohnen
400 ml Kokosmilch, 100 g Reismehl, 1 Ei
1/4 TL Kurkuma, 1 Prise Zucker, Salz
4 EL Pflanzenöl zum Ausbacken
Für die Füllung:
250 g Schweinefleisch aus der Oberschale
250 g Tiefseegarnelen in der Schale
4 Knoblauchzehen, 5 EL Fischsauce
frisch gemahlener Pfeffer, 1 Prise Palmzucker
400 ml Salzwasser, 120 g thailändischer Duftreis
40 g Frühlingszwiebeln, 1 rote Chilischote
10 g frische Ingwerwurzel, 50 g Zuckerschoten
150 g Shiitake- oder Pio-pini-Pilze
80 g frische Bohnensprossen, 4 EL Pflanzenöl
2 EL helle Sojasauce
Außerdem:
1 EL gehackter Vietnamesischer Koriander (Rau ram)
1 EL geschnittener Schnittknoblauch

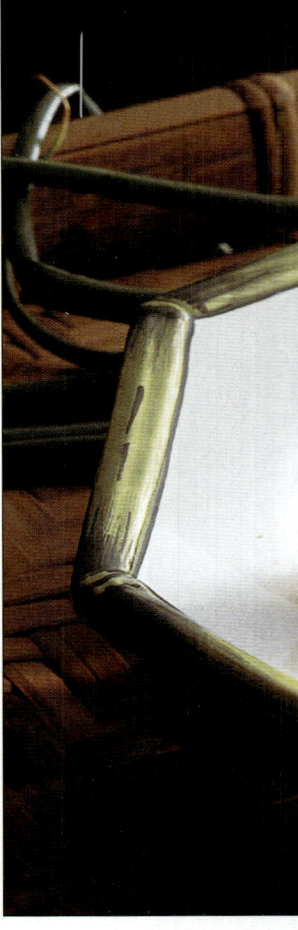

Die gefüllten Pfannkuchen, hier mit italienischen Pio-pini-Pilzen zubereitet, die Shiitake-Pilzen in Geschmack und Struktur gleichen, auf Tellern anrichten, mit Rau ram und Schnittknoblauch garnieren, mit der Sauce servieren.

2 EL Öl im Wok erhitzen und das marinierte Schweinefleisch darin 2 Minuten pfannenrühren.

Zuerst die Zuckerschoten 2 Minuten, dann die Pilze 1 weitere Minute unter Pfannenrühren mitbraten.

Die Garnelen zum Fleisch geben und vorsichtig weitere 2 Minuten pfannenrühren. Herausnehmen.

Reis, Soja-, 2 EL Fischsauce, Fleisch, Garnelen und Bohnensprossen 2 Minuten mitbraten. Kräuter zugeben.

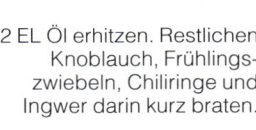

2 EL Öl erhitzen. Restlichen Knoblauch, Frühlingszwiebeln, Chiliringe und Ingwer darin kurz braten.

Den Pfannkuchen anbacken. 2 EL Füllung auflegen, sobald die erste Seite 2 Minuten gebacken ist.

Für die Nam-Prik-Sauce:
4 Knoblauchzehen, 30 g Schalotten
1 EL Garnelenpaste, 1/4 TL Salz, 1 EL Palmzucker
8 rote Chilischoten, Saft von 2 Limetten

Für den Teig die Mungbohnen 30 Minuten in kaltem Wasser einweichen. Abseihen und gut abtropfen lassen. Mit der Kokosmilch im Mixer fein pürieren. In einer Schüssel mit den restlichen Teigzutaten vermischen. Den Teig durch ein feines Sieb in eine Schüssel passieren, zudecken und 2 Stunden im Kühlschrank ruhen lassen. Für die Füllung das Fleisch in dünne Scheiben schneiden, die Garnelen auspulen und getrennt in tiefe Teller legen. Den Knoblauch schälen und fein hacken. Die Hälfte des Knoblauchs mit 3 EL Fischsauce, etwas Pfeffer und Zucker vermischen und je zur Hälfte über das Fleisch und die Garnelen geben. Zudecken und 30 Minuten im Kühlschrank marinieren lassen. Das Salzwasser mit dem Reis zum Kochen bringen, die Hitze reduzie-

ren und 15 Minuten köcheln lassen. Den Reis abseihen, kalt abschrecken und gut abtropfen lassen. Die Frühlingszwiebeln putzen und ebenso wie das Fruchtfleisch der Chilischote in Ringe schneiden. Den Ingwer schälen und fein hacken. Die Zuckerschoten in 1 cm große Rauten schneiden. Die Pilze putzen, größere Exemplare halbieren. Die Bohnensprossen verlesen, waschen und gut abtropfen lassen. Weiterverfahren, auf den ersten fünf Bildern der Folge gezeigt. In einer Pfanne von 18 cm Durchmesser nacheinander je 1 EL Öl erhitzen, etwas Teig einfüllen, dabei die Pfanne schwenken. Weiterverfahren, wie auf dem letzten Bild gezeigt. Den Deckel auflegen, die Hitze reduzieren und in 3 bis 4 Minuten die Unterseite knusprig backen. Den Pfannkuchen falten und bei 50 °C im vorgeheizten Ofen warm halten. Mit der Sauce servieren.

Für die Nam-Prik-Sauce den Knoblauch und die Schalotten fein hacken. Mit der Garnelenpaste, Salz und Zucker im Mörser fein zerreiben. Die geputzten Chillies mit dem Limettensaft im Mixer pürieren. Die Knoblauchpaste kurz mitmixen. Nach Bedarf mit Brühe verdünnen.

Fleischbällchen mit Reisnudeln und Salat

GESCHMACKLICH ABGERUNDET MIT INGWER, FRISCHER MINZE UND KORIANDERGRÜN.

Die feinen Fleischbällchen in diesem Rezept werden nach einer für die vietnamesische Küche typischen Zubereitungsart gegart: Erst dämpfen oder kochen und kurz vor dem Servieren rundum knusprig braun braten.

Für die Fleischbällchen:
400 g Hackfleisch vom Schwein
60 g Frühlingszwiebeln, 1 Knoblauchzehe
15 g frischer Ingwer, 1 Ei
1 EL Pflanzenöl
Salz, frisch gemahlener weißer Pfeffer

Für den Salat:
1 kleiner Kopf Eissalat
120 g frische Sojabohnensprossen
100 g Salatgurke, 100 g Möhren
100 g weißer Rettich
1 EL gehackte Kräuter (Koriandergrün und Minze)

Salatblätter und frische Kräuter dürfen bei vielen Gerichten in Vietnam nicht fehlen. Sie sind sowohl eine geschmackliche Bereicherung als auch optisch schön anzusehen.

Für die Sauce:
2 Chilischoten
1 Knoblauchzehe
50 g geröstete Erdnüsse, ohne Salz
1 EL gehackte Minze
Saft von 1/2 Limette
50 ml Fischsauce
200 ml Kokosmilch

Außerdem:
100 g feine Reisnudeln (rice vermicelli)
3 EL Pflanzenöl zum Braten

Frische Zutaten sind oberstes Gebot in Asiens Küchen. Zu jeder Saison kann man beim Einkauf aus einem großen Angebot wählen.

1. Das Fleisch in eine Schüssel geben. Die Frühlingszwiebeln putzen, den Knoblauch schälen und beides fein hacken. Den Ingwer schälen und fein reiben. Zusammen mit dem Ei und dem Öl zum Fleisch geben. Salzen, pfeffern und alles zu

einem glatten Fleischteig verarbeiten. Mit feuchten Händen 28 Bällchen von je etwa 20 g formen. In leicht gesalzenes, sprudelnd kochendes Wasser einlegen und in 15 Minuten garziehen lassen.

2. Inzwischen den Salat zerteilen, waschen, putzen und abtropfen lassen. Die Sojabohnensprossen in leicht gesalzenem, sprudelnd kochendem Wasser 1 Minute blanchieren, abseihen und abtropfen lassen. Die Gurke, die Möhren und den Rettich schälen, in 5 cm lange Stifte schneiden. Die Nudeln in genügend sprudelnd kochendem Salzwasser 2 Minuten kochen und abseihen.

3. Für die Sauce die Chilischoten halbieren, Samen und Scheidewände entfernen. Den Knoblauch schälen. Beides zusammen mit den Erd-

nüssen in einem Mörser fein zerreiben. Die Minze, den Limettensaft und die Fischsauce zugeben und alles zu einer glatten Paste verarbeiten. In eine Schüssel umfüllen und mit der Kokosmilch zu einer glatten Sauce verrühren.

4. Die Fleischbällchen mit einem Schaumlöffel aus dem Wasser heben und sehr gut abtropfen lassen. Das Öl in einer Pfanne erhitzen und die Fleischbällchen darin unter mehrmaligem Drehen rundherum 5 Minuten braten.

5. Die Salatblätter, die Sprossen, die Gemüsestifte und die Nudeln auf Teller anrichten, mit den Kräutern bestreuen und obenauf die Fleischbällchen setzen. Mit einem Teil der Sauce begießen. Die restliche Sauce separat dazu reichen.

Lammragout mit Bryani-Reis

MIT GESCHMACKSINTENSIVEN KRÄUTERN
UND GEWÜRZEN IN HÜLLE UND FÜLLE.

Diese Reisspezialität aus Malaysia wird in zwei Schritten zubereitet: Zunächst nimmt der Reis im offenen Topf auf dem Herd die Hälfte der Flüssigkeit auf, um anschließend, zugedeckt, im mäßig heißen Ofen in Ruhe die Intensität der Gewürze aufzunehmen und zu garen

500 g Lammkeule ohne Knochen
80 g Schalotten, 2 Knoblauchzehen
30 g frischer Ingwer, 30 g Zitronengras
2 rote Chilischoten, 100 g Tomaten
3 EL Erdnußöl
1 TL Currypulver, 20 g Garam Masala
100 ml Sahne, 300 ml Kalbsfond, Salz
20 ml Zitronensaft, 2 EL gehacktes Koriandergrün
2 EL gehackte Minze
Für den Bryani-Reis:
300 g Basmati-Reis, 20 g Zwiebel
1 Knoblauchzehe, 10 g frischer Ingwer
3 EL Öl, 5 g Zimtstange, 4 Kardamomsamen
3 Nelken, 450 ml Wasser, 1 TL Salz
1 Messerspitze Safranfäden, 20 ml Rosenwasser

Das Lammfleisch in 2 cm große Würfel schneiden. Die Schalotten schälen und in feine Ringe schneiden. Den Knoblauch und den Ingwer schälen und fein hacken. Das Zitronengras putzen und in feine Scheibchen schneiden. Die Chilischoten halbieren, Samen und Scheidewände entfernen und das Fruchtfleisch in dünne Streifen schneiden. Die Tomaten blanchieren, häuten, achteln und die Samen entfernen. Das Öl in einem entsprechend großen Topf erhitzen und das Lammfleisch darin scharf anbraten. Schalotten, Ingwer, Zitronengras, Knoblauch und Chillies zugeben und kurz mitbraten. Tomaten, Currypulver und Garam Masala unterrühren. Die Sahne zugießen und mit Kalbsfond auffüllen. Bei geringer Hitze etwa 1 Stunde simmern lassen, dabei gelegentlich umrühren. Mit Salz, Zitronensaft, Koriandergrün und Minze würzen. In der Zwischenzeit den Reis zubereiten. Dafür den Reis wiederholt in kaltem Wasser wässern, bis das Wasser klar bleibt, abgießen und abtropfen lassen. Die Zwiebel und den Knoblauch schälen und fein hacken. Den Ingwer schälen und fein reiben. Das Öl in einem Topf erhitzen und die Zimtstange, den Kardamom und die Nelken darin unter ständigem Rühren 2 Minuten anbraten. Weiterverfahren, wie in den ersten 3 Bildern gezeigt. Den Reis bei geringer Hitze simmern lassen, bis er die Hälfte der Flüssigkeit aufgenommen hat. Vom Herd nehmen, zudecken und bei 150 °C im vorgeheizten Ofen in etwa 25 Minuten fertiggaren. Inzwischen die Safranfäden im Rosenwasser aufkochen und zum Schluß zum Reis geben, wie gezeigt. Den Reis mit dem Ragout in Schälchen anrichten.

Ingwer, Knoblauch und Schalotten zugeben und unter ständigem Rühren anbraten, dabei leicht Farbe nehmen lassen.

Den gewaschenen Reis auf einmal zu den Gewürzen schütten und 3 bis 4 Minuten unter ständigem Rühren mitbraten.

Das Wasser angießen, salzen, aufkochen und unter Rühren simmern lassen, bis der Reis nur noch knapp mit Wasser bedeckt ist.

Nach 20 Minuten den Reis aus dem Ofen nehmen und mit dem Safran-Rosenwasser beträufeln. Den Topf zurück in den Ofen stellen.

Lammkoteletts mit Pilzreis und Gemüse

VON DELIKATEM GESCHMACK, BEGLEITET VON ZWEI UNGEWÖHNLICHEN SAUCEN.

Das optisch ansprechende Ergebnis wird durch doppelt geschnittene Lammkoteletts mit verlängerten Rippenknochen erzielt. Pro Portion werden 2 Stück ineinander verschlungen angerichtet.

8 doppelt geschnittene Lammkoteletts
30 g geschälter Galgant, 1/4 TL Currypulver, Salz
frisch gemahlener schwarzer Pfeffer, 4 EL Pflanzenöl
Für die Kaffir-Limetten-Sauce:
100 g Schalotten, 3 Kaffir-Limetten-Blätter
400 ml Lammfond, 200 ml Rotwein
Salz, frisch gemahlener Pfeffer
Für die Koriander-Butter-Sauce:
80 g Schalotten, 2 EL feingehacktes Koriandergrün
200 ml Weißwein, Salz, frisch gemahlener Pfeffer
100 g kalte Butter, in Stücken
Für den Pilzreis:
200 g Shiitake-Pilze, 40 g Butter
300 g thailändischer Duftreis, etwa 1 l Geflügelfond
2 rote Chilischoten, gehackt, ohne Samen
Salz, frisch gemahlener Pfeffer, 40 g Pinienkerne
2 EL gehackter Schnittknoblauch

Reis und Pilze sind eine Kombination, die sich weltweit in vielen Landesküchen bewährt hat, einfach, weil sie gut schmeckt.

Zum Servieren das in wenigen Minuten im Wok pfannengerührte Gemüse – erst Möhrenjulienne, dann Choisumstücke, ganz kurz zum Schluß die Sojasprossen – mit Salz und Pfeffer würzen und auf Teller mit dem Reis und dem Fleisch anrichten. Die Saucen separat dazu reichen.

Für das Gemüse:
100 g Möhren, 150 g Choisum
50 g Sojabohnensprossen
3 EL Pflanzenöl, Salz, frisch gemahlener Pfeffer

1. Für die Saucen die Schalotten schälen und in dünne Scheiben schneiden. Für die Limettensauce die Schalotten, die Limettenblätter, den Fond und den Wein in eine Kasserolle geben. Aufkochen und die Flüssigkeit bei mittlerer Hitze auf 1/4 reduzieren. Für die Koriandersauce das Koriandergrün und den Wein in eine Kasserolle geben. Aufkochen und bei mittlerer Hitze etwas einkochen lassen. Jede Sauce passieren – bei der Koriandersauce die Butter einmontieren –, mit Salz und Pfeffer abschmecken und zur Seite stellen.

2. Für den Reis die harten Stiele der Pilze entfernen und die Hüte fein würfeln. Die Butter in einer Kasserolle zerlassen, die Pilze darin kurz schwenken. Den Reis untermischen und glasig braten. Mit dem Fond ablöschen. Mit Chillies, Salz und Pfeffer würzen, aufkochen und bei geringer Hitze in etwa 15 Minuten fertiggaren. Die Pinienkerne und den Schnittknoblauch unterheben.

3. Die Knochen der Koteletts sauber abschaben. Galgant, Curry, Salz und Pfeffer im Mörser fein zerreiben und das Fleisch damit würzen. Das Öl in einer feuerfesten Pfanne erhitzen und die Koteletts darin von beiden Seiten anbraten. Zudecken und in den auf 200 °C vorgeheizten Ofen stellen. Das Fleisch in 15 bis 20 Minuten fertigbraten.

Pork in sweet soy sauce

SCHWEINEFLEISCH IN SÜSSLICHER SOJASAUCE, IM WOK MIT PAPRIKA UND BABYMAIS ZUBEREITET.

Zum Würzen verwendet man in Asien häufig durch Fermentation von Sojabohnen gewonnene Saucen. Je nach Region sind die Mischungsverhältnisse der einzelnen Komponenten unterschiedlich. Zwei Sojasaucen indonesischer Art kommen in diesem Rezept zum Einsatz, nämlich Ketjap Asin, eine herzhafte, zum Teil sehr salzige Sauce, sowie Ketjap Manis, eine süße Variante.

800 g Schweineschulter ohne Knochen
100 g Frühlingszwiebeln
4 Knoblauchzehen
20 g frischer Ingwer

Reis, eine der ältesten Kulturpflanzen der Welt, ermöglicht in feuchtheißen Regionen mit 2 bis 3 Ernten pro Jahr das Überleben großer Bevölkerungsteile. Die riesigen Reisfelder Indonesiens lassen erahnen, in welcher Fülle von Zubereitungen sich das Getreide in der Landesküche wiederfindet.

2 bis 4 rote Chilischoten
200 g grüne Paprikaschoten
4 EL Pflanzenöl
100 g Babymais (12 Stück)
2 EL Ketjap Manis, 1 EL Ketjap Asin
10 schwarze Pfefferkörner
1/4 l Geflügelfond, Salz nach Bedarf
Außerdem:
Korianderblättchen zum Garnieren

1. Das Fleisch in etwa 2 cm große Würfel schneiden und bis zur Weiterverarbeitung in den Kühlschrank stellen.

2. Die Frühlingszwiebeln putzen und in feine Ringe schneiden. Die Knoblauchzehen schälen

und in feine Scheiben schneiden. Den Ingwer schälen und ganz fein hacken. Von den Chilischoten den Stielansatz entfernen und das Fruchtfleisch in Ringe schneiden, dabei die Samen entfernen. Die Paprikaschoten halbieren, Samen und Scheidewände entfernen und das Fruchtfleisch in 1 cm große Quadrate schneiden.

3. Das Öl in einem Wok erhitzen. Die Frühlingszwiebeln, den Knoblauch, den Ingwer und die Chiliringe darin anbraten. Den Babymais und die Paprikastücke 1 Minute mitbraten. Alles aus dem Wok heben und warm stellen.

4. Das Fleisch portionsweise in den Wok geben und in dem verbliebenen Öl rundherum kräftig anbraten. Die beiden Sojasaucen, die Pfefferkörner und den Fond einrühren und alles zusammen aufkochen lassen. Die Hitze reduzieren und etwa 50 Minuten köcheln lassen. Bei Bedarf noch weiteren Fond zugießen.

5. In den letzten 5 Minuten der Garzeit des Fleisches das Gemüse wieder zugeben und sorgfältig untermischen. Abschmecken und nach Bedarf mit Salz nachwürzen. Das Gericht in Schälchen anrichten, mit Korianderblättchen garnieren. Dazu paßt gekochter unpolierter thailändischer Reis.

Fleischcurry mit Mango

EINE ÜBERAUS FRUCHTIGE ANGELEGENHEIT, MIT ANANASSAFT UND KOKOSFLOCKEN ABGESCHMECKT.

Nach der Hauptstadt der Philippinen »Manila« benannt, nimmt die gleichnamige Mangosorte eine Spitzenposition auf der Geschmacksskala dieser Früchte ein. Ihr saftiges, säuerliches Fruchtfleisch ist von unvergleichlichem Aroma, und ihre Beliebtheit erstreckt sich weit über die Heimatgrenzen hinaus, sogar in Mittel- und Südamerika ist sie eine Hauptsorte für den Anbau. Mangos werden vorwiegend als Obst verzehrt, doch sie eignen sich genausogut zum Kochen oder zum Einmachen. Mangochutneys lassen sich, gut verschlossen, über Monate hinweg aufbewahren.

300 g Kalbfleisch (Lende oder Filet)
450 g reife Mangos (Sorte Manila)
50 g Zwiebel, 1 Knoblauchzehe
4 EL Pflanzenöl, 1 EL Currypulver
30 g frisch geriebenes Kokosnußfleisch
100 ml Weißwein, 100 ml Ananassaft
20 g Mangochutney, 20 g Tomatenketchup
100 ml Sahne
Salz, frisch gemahlener weißer Pfeffer

Würzige Fleischbällchen aus Schweinefleisch und dünne Streifen aus bestem Kalbfleisch harmonieren auf interessante Weise mit Manila-Mangos.

Für die Fleischbällchen:
200 g Hackfleisch vom Schwein
30 g Frühlingszwiebeln, 1 Knoblauchzehe
40 g Weißbrot ohne Rinde, 1 EL gehackte Kräuter
1 Ei, Salz, frisch gemahlener weißer Pfeffer
Außerdem:
frisch geriebenes Kokosnußfleisch
Pfefferminze, fein geschnitten

1. Für die Fleischbällchen das Hackfleisch in eine Schüssel geben. Die Frühlingszwiebeln putzen, den Knoblauch schälen und beides ganz fein hacken. Das Weißbrot in lauwarmem Wasser einweichen und dann gut ausdrücken. Die Zwiebeln, den Knoblauch, das Brot, die Kräuter (Zitronenmelisse, Zitronenthymian, Pfefferminze und Petersilie) und das Ei zugeben. Salzen und pfeffern.

Alle Zutaten gut miteinander vermengen. Aus dem Teig 30 Bällchen formen und in sprudelnd kochendes Salzwasser einlegen. Die Fleischbällchen in etwa 10 Minuten garziehen lassen.

2. Das Kalbfleisch in feine Scheiben schneiden und kühl stellen. Das Fruchtfleisch der Mangos auslösen. Dafür die Früchte der Länge nach in drei Teile schneiden, im mittleren Stück liegt der Stein. Von diesem Teil die Schale ablösen, den Stein mit einer Gabel oder den Fingern auf eine Arbeitsfläche drücken und mit einem Messer das Fruchtfleisch und den Saft abstreichen. Aus den beiden anderen Mangostücken das Fruchtfleisch mit einem Löffel aus der Schale lösen und in etwa 2 cm große Würfel schneiden. Die Zwiebel und den Knoblauch schälen und fein hacken.

3. Das Öl im Wok erhitzen und das Fleisch darin portionsweise rundherum anbraten und wieder herausnehmen. Die Zwiebel und den Knoblauch in dem verbliebenen Öl unter Rühren hell anbraten. Die Mangostücke 1 bis 2 Minuten mitbraten und wieder herausnehmen. Das Currypulver und das Kokosnußfleisch in den Wok geben und 1 Minute braten. Den Wein und den Ananassaft zugießen und auf die Hälfte einkochen lassen. Das Mangochutney und das Tomatenketchup einrühren und nochmals aufkochen. Das Kalbfleisch, die gebratenen Mangowürfel, die abgetropften Fleischbällchen und die Sahne untermischen, kurz aufkochen lassen. Abschmecken.

4. Das Fleischcurry in Schälchen anrichten und mit Kokosraspeln und Pfefferminze garnieren.

Gewürzte Schweinsfüße

IN SCHEIBEN GESCHNITTEN UND MIT TYPISCH ASIATISCHER, ATTRAKTIVER GARNITUR SERVIERT.

Nichts vom Schwein ist zu schade – in diesem Rezept werden die Füße separat in Salzwasser gegart und dann beim Pfannenrühren im Wok exotisch-scharf gewürzt. Candlenuts sind übrigens Verwandte der Macadamianuß.

1,2 kg Schweinsfüße, in 2,5 cm dicken Scheiben
3 l Wasser, 1 TL Salz
150 g Schalotten, 3 Knoblauchzehen
25 g Ingwer, 25 g Kurkuma (Gelbwurz)
10 Candlenuts (Kemirinüsse)
1 TL Koriandersamen, 1 TL schwarze Pfefferkörner
80 g Zuckerschoten, 3 rote Chilischoten
3 EL Erdnußöl
1 TL Shrimps-Paste, 400 ml Geflügelfond, Salz
Außerdem:
4 rote Chilischoten zum Garnieren

1. Das Wasser mit dem Salz in einem entsprechend großen Topf zum Kochen bringen. Die Scheiben der Schweinsfüße einlegen und bei mittlerer Hitze 40 Minuten köcheln lassen, den aufsteigenden Schaum immer wieder abschöpfen. Abseihen und mit kaltem Wasser abschrecken.

2. Für die Garnitur die Chilischoten mit einem scharfen Messer von der Spitze aus halbieren, jedoch nicht ganz bis an das Stielende aufschneiden. Die Samen und Scheidewände ausschaben. Das Fruchtfleisch längs, bis kurz vor dem Stielansatz, in dünne Streifen schneiden. In einer kleinen Schüssel mit kaltem Wasser bedecken und 30 Minuten stehen lassen.

3. Inzwischen die Schalotten und den Knoblauch schälen und hacken. Den Ingwer und die Kurkuma schälen und fein reiben. Die Nüsse hacken. Die Koriandersamen und die Pfefferkörner in einem Mörser zerstampfen. Schalotten, Knoblauch, Ingwer, Kurkuma und die Nüsse zufügen und alles gut miteinander vermengen.

4. Die Zuckerschoten putzen und in dünne Streifen schneiden. Die Chilischoten von den Stielansätzen befreien und das Fruchtfleisch in Ringe schneiden, dabei die Samen entfernen. In einem Wok das Öl erhitzen und die Gewürzmischung aus dem Mörser darin 5 Minuten unter Rühren anschwitzen. Die Shrimps-Paste, die Zuckerschoten und die Chiliringe 2 Minuten mitschwitzen. Den Fond zugießen und aufkochen lassen. Die gekochten Schweinsfußscheiben zufügen, weitere 10 Minuten köcheln lassen. Mit Salz abschmecken.

5. Das Gericht in Schälchen füllen. Die Chilischoten für die Garnitur aus dem Wasser nehmen und auflegen.

Shredded Beef

IN GANZ FEINE STREIFEN GESCHNITTENES
RINDFLEISCH, IM WOK PFANNENGERÜHRT.

Rezepte dieser Art finden sich in vielen Landesküchen Asien. Die Zutaten variieren je nach Saison, genommen wird, was gerade frisch am Markt
angeboten wird. Rindfleisch eignet sich mit seinem kräftigen Geschmack gut zum Kombinieren
mit den verschiedensten Gemüsearten. Die hier
verwendete Oyster-Sauce (Austernsauce) ist eine
Würzsauce aus Austernextrakt, Zucker, Wasser,
Salz, Maisstärke und Zuckercouleur. Sie wird vor
allem in der Kanton-Küche gerne verwendet. Da
sie im Grunde keinen Fischgeschmack besitzt,
kann sie universell eingesetzt werden – für
Fleisch-, Fisch-, Gemüse- und Nudelgerichte.

In Chinas Gaststätten
erfordern die größeren
Zutatenmengen auch
größeres Kochgeschirr.
Da müssen die Köche
schon mal kräftig
zupacken, um beim
Pfannenrühren auch
alle Zutaten zu
bewegen.

**Grüne und rote
Paprikaschoten** setzen
hier nicht nur farbliche
Akzente, sondern
passen geschmacklich
auch sehr gut zu dem
gebratenen Rindfleisch.

500 g Rinderfilet	
20 g Palmzucker, 1/2 TL Salz	
4 EL helle Sojasauce	
2 Knoblauchzehen	
40 g Frühlingszwiebeln	
2 rote Chilischoten	
250 g grüne Paprikaschoten	
120 g rote Paprikaschoten	
80 ml Pflanzenöl	
2 EL Austernsauce	
1/2 EL Sesamöl, Salz	
1/2 TL Speisestärke	
2 EL Wasser	

1. Das Rinderfilet in dünne Streifen schneiden. In
einer Schüssel den Zucker, das Salz und die Soja-

sauce miteinander verrühren. Das Fleisch untermischen, zudecken und 30 Minuten im Kühlschrank marinieren.

2. Die Knoblauchzehen schälen und fein hacken. Die Frühlingszwiebeln putzen und fein hacken. Die Chili- und die Paprikaschoten halbieren, Stielansätze, Samen und Scheidewände entfernen. Das Fruchtfleisch der Chillies fein hacken, jenes der Paprika in dünne Streifen schneiden.

3. Das Öl in einem Wok erhitzen und das marinierte Fleisch darin unter Pfannenrühren portionsweise anbraten, wieder herausnehmen und abtropfen lassen. Das Öl bis auf 3 EL aus dem Wok entfernen und die Knoblauch-, Frühlings-

zwiebel- und Chilistücke darin hell anbraten. Die Paprikastreifen zufügen und 2 Minuten mitbraten. Das Fleisch zugeben und 1 Minute mitbraten.

4. Die Austernsauce und das Sesamöl zugießen und gut untermischen. Mit Salz würzen. Die Speisestärke mit dem Wasser glattrühren und unter das Gericht ziehen. Alles nochmal aufkochen lassen und sofort servieren.

Süß-saures Schweinefleisch

IN FEINE STREIFEN GESCHNITTEN UND IM WOK GEGART – EIN
IDEALES GERICHT FÜR SCHNELLE ZUBEREITUNG.

Ein klassisches Beispiel dafür, daß die chinesische
Küche mit ihren Standardzutaten äußerst wohlschmeckende Gerichte hervorbringt. Ingwer,
Knoblauch, Chili, Sojasauce, Reiswein und -essig
sowie Palmzucker sorgen in diesem Rezept für
die kontrastreiche Würzung.

500 g Schweinefleisch (etwa aus der Oberschale)
Für die Marinade:
2 Eier, 1 TL Speisestärke
1/4 TL Salz, 30 ml Reiswein
Für das Gemüse:
20 g frischer Ingwer, 3 Knoblauchzehen
1 rote Chilischote, 100 g Lauch
150 g Salatgurke, 6 EL Erdnußöl
40 g Tomatenmark
Für die Sauce:
3 EL helle Sojasauce, 1 EL Reisessig
50 ml Reiswein, 100 ml Geflügelfond
20 g Palmzucker, 1 TL Speisestärke
Salz, frisch gemahlener Pfeffer

Das Schweinefleisch zunächst in dünne Scheiben,
dann in 1 cm breite Streifen schneiden. Die Eier
mit der Speisestärke, dem Salz und dem Reiswein
in einer Schüssel gut miteinander verrühren. Das
Fleisch in die Marinade legen, wie im ersten Bild
der Bildfolge gezeigt, zudecken und 15 Minuten
im Kühlschrank marinieren lassen. Für das Gemüse den Ingwer und den Knoblauch schälen und in
Scheibchen schneiden. Die Chilischote halbieren,
Stielansatz, Samen und Scheidewände entfernen
und das Fruchtfleisch in dünne Streifen schneiden. Den Lauch putzen, waschen und in dünne
Ringe schneiden. Die Gurke waschen und in Rauten mit 3 cm Kantenlänge schneiden. Für die Sauce alle Zutaten miteinander vermischen. Weiterverfahren, wie gezeigt.

Die Fleischstreifen in die
Schüssel mit den mit
Speisestärke und Reiswein
verquirlten Eiern legen
und gut untermischen.

2/3 des Öls im Wok
erhitzen und das gut
abgetropfte Fleisch darin
portionsweise goldbraun
braten. Herausnehmen.

Das restliche Öl zufügen.
Ingwer, Knoblauch, Chili
kurz braten. Erst das Tomatenmark, dann den Lauch
je 1 Minute mitbraten.

Die in Rauten geschnitte-
nen Gurkenstücke als
letztes zufügen und ganz
kurz unter ständigem
Pfannenrühren mitbraten.

Die vorbereitete Sauce
zugeben, einmal aufkochen
lassen. Das Fleisch darin
erwärmen. Nach Bedarf
abschmecken.

Reisfleisch nach chinesischer Art

GARNIERT MIT EINEM FILIGRANEN NETZ AUS VERQUIRLTEM, GEBRATENEM EI.

Ein Alltagsessen, das keine große Mühe bereitet. Fleisch und Leber vom Schwein, kombiniert mit Reis, Paprikaschoten und Tomaten, werden hier feinwürzig abgeschmeckt.

100 g Zwiebeln, 2 Knoblauchzehen
50 g Frühlingszwiebeln
150 g rote Paprikaschoten
200 g Tomaten
400 g Schweinefleisch aus der Oberschale

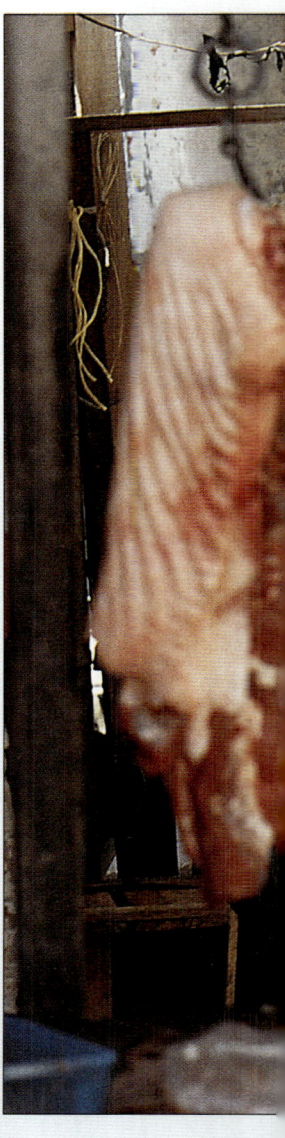

Schweinefleisch gibt es in China überall zu kaufen, sowohl abgepackt im Supermarkt als auch, an der frischen Luft hängend, auf den Wochenmärkten.

200 g Schweineleber, 6 EL Pflanzenöl
300 g gekochter thailändischer Duftreis
60 ml Fischsauce
40 g brauner Zucker
20 ml Ketjap Manis
frisch gemahlener weißer Pfeffer
Salz nach Bedarf
Für die Garnitur:
1 Ei, 1 TL Speisestärke
1 EL Pflanzenöl
Außerdem:
1 EL gehacktes Koriandergrün

1. Die Zwiebeln schälen, halbieren und in Streifen schneiden. Den Knoblauch schälen und fein hacken. Die Frühlingszwiebeln putzen und in feine Ringe schneiden. Die Paprikaschoten vierteln,

Stielansätze, Samen und Scheidewände entfernen und das Fruchtfleisch in Streifen schneiden. Die Tomaten blanchieren, kalt abschrecken, häuten, vierteln, die Samen entfernen und die Viertel quer halbieren. Das Fleisch in dünne Scheiben, dann quer in Streifen schneiden. Die Leber kalt abbrausen, abtupfen, in 0,5 cm breite Streifen schneiden, dabei Häutchen und Röhrchen entfernen.

2. Im Wok 2 EL Öl erhitzen und darin Zwiebeln, Knoblauch und Frühlingszwiebeln hell anschwitzen. Die Tomaten 1 Minute mitschwitzen. Das Gemüse aus dem Wok nehmen und zur Seite stellen. Weitere 3 EL Öl im Wok erhitzen. Das Fleisch darin portionsweise unter Rühren braten und wieder herausnehmen. Die Leberstreifen in den Wok geben und ebenfalls unter Rühren braten und

wieder herausnehmen. Das restliche Öl im Wok erhitzen. Den Reis zugeben und unter Rühren braten, bis er heiß ist. Das Fleisch, die Leber und das Gemüse gut untermischen.

3. Fischsauce, Zucker, Ketjap Manis und Pfeffer miteinander verrühren, bis sich der Zucker aufgelöst hat. Die Würzmischung in den Wok geben und gut untermischen. Abschmecken.

4. Für die Garnitur das Ei mit der Speisestärke in einer Schüssel verquirlen und in eine Papierspritztüte füllen. Das Öl in einer Pfanne erhitzen, nacheinander 4 Gitter hineinspritzen und stocken lassen. Das Reisfleisch in Portionsschälchen verteilen, mit der Pfannenschaufel je 1 Eigitter darauflegen und mit Koriandergrün bestreuen.

Filetscheibchen mit buntem Gemüse

DURCH PFANNENRÜHREN IM WOK SCHNELL ZUBEREITET
UND SEHR WÜRZIG ABGESCHMECKT.

400 g Filetspitzen
Für die Marinade:
120 ml dunkle Sojasauce, Salz, schwarzer Pfeffer
2 TL Dajon (chinesische Gewürzmischung)
2 Messerspitzen gemahlener Koriander
2 Messerspitzen gemahlener Kreuzkümmel
Für die Vinaigrette:
100 ml Rinderfond, 1 Knoblauchzehe, gehackt
1/2 TL frisch geriebener Ingwer
2 Messerspitzen Dajon, 40 ml helle Sojasauce
50 ml geröstetes Sesamöl, 25 ml Pflanzenöl
knapp 2 EL chinesischer Essig
1 EL gehackte Steinpetersilie
Für das Gemüse:
je 100 g gelbe, grüne und rote Paprikaschoten
80 g Zuckerschoten, 100 g Shiitake-Pilze
60 g Sojasprossen
Für den Reis:
400 g Nishiki-Reis, Salz
Außerdem:
60 ml Sesamöl, 4 EL Rinderjus

Das Filet sauber parieren, in dünne Scheibchen schneiden und in eine Schüssel legen. Für die Marinade alle Zutaten miteinander verrühren und über das Fleisch gießen. Das Fleisch zudecken und 2 Stunden im Kühlschrank marinieren lassen. Für die Vinaigrette den Fond in einen Topf geben, Knoblauch, Ingwer und Dajon zufügen und bei mittlerer Hitze auf die Hälfte reduzieren. In eine Schüssel füllen und mit Sojasauce, Öl und Essig verrühren. Die Steinpetersilie untermischen. Die Paprikaschoten bei 220 °C im vorgeheizten Ofen backen, bis die Haut »Blasen wirft«, herausnehmen und in einer Plastiktüte »schwitzen« lassen. Die Haut abziehen und das Fruchtfleisch in feine Streifen schneiden. Die Zuckerschoten putzen und quer in Streifen schneiden. Die Stiele der Shiitake-Pilze entfernen und die Hüte in Scheiben schneiden. Weiterverfahren, wie gezeigt. Den Reis unter fließendem kaltem Wasser waschen. In kochendes Salzwasser geben und bei mittlerer Hitze 15 bis 20 Minuten kochen, abseihen.

40 ml Sesamöl in einem Wok rauchheiß erhitzen und die Fleischscheiben unter Wenden darin anbraten. Herausnehmen.

Das restliche Öl im Wok erhitzen und die Paprika-streifen darin anbraten. Zuckerschoten und Pilze 2 bis 3 Minuten mitbraten.

Die Sojasprossen zugeben und unter ständigem Wenden nur ganz kurz mitbraten. Den Wokinhalt mit der Vinaigrette ablöschen.

Die Fleischscheiben wieder zugeben und untermischen. Die Rinderjus zufügen und ebenfalls untermischen.

Ragout vom Beef in gewürztem Savarin

REICHLICH KNOBLAUCH UND SHERRY IM HEFETEIG
MACHEN DAS BESONDERE DES SAVARINS AUS.

750 g Rindfleisch (aus der Keule), 250 g Zwiebeln
40 g Petersilienwurzel, 80 g Möhren
60 g Knollensellerie, 80 g Lauch, 500 g Tomaten
2 Knoblauchzehen, 200 g rote Paprikaschoten
60 g Peperoni, 4 EL Pflanzenöl
50 g Tomatenmark, 2 Lorbeerblätter
Salz, weißer Pfeffer, 3/4 l Rinderfond
Für den Kräutersavarin:
3 Knoblauchzehen, 1 gestrichener TL Salz
125 g Mehl, 3 EL gehackte Kräuter, 10 g Hefe
50 ml lauwarme Milch, 50 g zerlassene Butter, 1 Ei
Zum Tränken:
200 ml Gemüsebrühe, 80 ml Sherry
Außerdem:
1 Kranzform von 1/2 l Inhalt
Butter und Semmelbrösel für die Form
1 EL gehackte Kräuter zum Bestreuen

Ob in Australien, Nordamerika oder im südlichen Afrika – die wesentlichen Fleischrassen vom Rind sind überall gleich.

Zum Servieren aus dem frisch gebackenen Savarin 2 Stücke herausschneiden und das Ragout in die Mitte und in die Öffnung geben. Den Kranz mit gehackten Kräutern bestreuen.

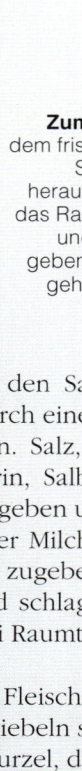

1. Für den Savarinteig den Knoblauch schälen und durch eine Knoblauchpresse in eine Schüssel drücken. Salz, Mehl und die Kräuter (Petersilie, Rosmarin, Salbei, Thymian, Oregano und Majoran) zugeben und miteinander verrühren. Die Hefe in der Milch auflösen und mit der Butter und dem Ei zugeben. Zu einem glatten Teig verarbeiten und schlagen, bis er Blasen wirft. Zudecken und bei Raumtemperatur 1 Stunde gehen lassen.

2. Das Fleisch in 1,5 cm große Würfel schneiden. Die Zwiebeln schälen und fein hacken. Die Petersilienwurzel, die Möhren, den Knollensellerie und den Lauch putzen und klein würfeln. Die Tomaten blanchieren, häuten, vierteln, Stielansätze und Samen entfernen. 2/3 der Tomaten im Mixer

pürieren, den Rest in Würfel schneiden. Den Knoblauch schälen und zerdrücken. Von den Paprikaschoten und den Peperoni die Stielansätze, Samen und Scheidewände entfernen, die Paprikaschoten in 0,5 cm große Stücke, die Peperoni in sehr kleine Würfel schneiden.

3. Das Öl in einem Topf erhitzen und das Fleisch darin rundherum anbraten, herausnehmen. Die Zwiebeln in dem verbliebenen Öl anschwitzen. Das Gemüse – bis auf die Paprikastücke und die Tomaten – und den Knoblauch zufügen und mitschwitzen. Das Tomatenmark einrühren und kurz mitrösten. Die pürierten Tomaten, die Peperoni, das Fleisch und die Lorbeerblätter untermischen. Salzen und pfeffern. Den Fond zugießen und das

Ragout 1 bis 1 1/2 Stunden offen bei 200 °C im vorgeheizten Ofen garen. Je nach gewünschter Konsistenz noch etwas Wasser zugießen. 20 Minuten vor Ende der Garzeit die Paprika- und Tomatenstücke unterrühren.

4. Für den Savarin die Kranzform mit Butter ausstreichen und mit Semmelbröseln ausstreuen. Den Teig einfüllen, zudecken und nochmals kurz gehen lassen. Bei 200 °C im vorgeheizten Ofen 20 bis 25 Minuten backen. Etwas abgekühlt auf ein Kuchengitter stürzen und dieses auf eine entsprechend großen Schüssel stellen. Die Brühe und den Sherry in einem Topf aufkochen und den Savarin mehrmals damit tränken. Auf einem vorgewärmten Teller anrichten, wie gezeigt.

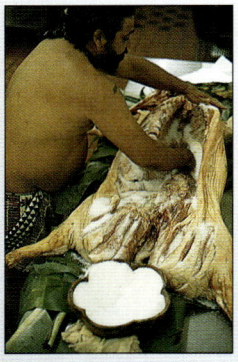

Das Schwein wird an den dicken Stellen von Keule und Schulter eingeschnitten. Mit Salz, Knoblauch und einer Gewürzmischung wird das Tier innen und außen eingerieben. Die Gewürzmischung ist und bleibt ein Geheimnis der Inselbewohner.

Schwein aus dem Erdofen

EINE ALTE TECHNIK, WELCHE DIE BEWOHNER DER MEISTEN PAZIFISCHEN INSELN AM LEBEN ERHALTEN.

Dies ist ein Rezept und eigentlich doch kein Rezept, denn wer käme schon in Mitteleuropa auf den Gedanken, in seinem Garten ein Schwein mit glühenden Lavasteinen zu vergraben, um es am nächsten Tag genußvoll zu verspeisen? Die einzige Möglichkeit, diese interessante Zubereitungsart nachzuvollziehen, besteht darin, ein Stück Fleisch mit einem Mantel aus Ton zu umgeben und dann im Ofen zu garen – doch kommt man trotzdem nicht zum gleichen geschmacklichen Ergebnis. Tausende von Seemeilen entfernt, auf Hawaii, wo Kokospalmen sich leicht im Wind wiegen, während sich die Wellen am Strand brechen, darf jedoch beim Festessen »Imu«, das Schwein aus dem Erdofen, nicht fehlen. Wie auf den kleinen Bildern dieser Seite zu sehen ist, wird das Schweinefleisch zunächst eingeschnitten, damit es gleichmäßig garen kann und in der Lage ist, die Gewürze aufzunehmen. Mit glühenden Lavasteinen gefüllt und in Bananenblätter gewickelt, wird ihm ein Grab geschaufelt, in das es dann gelegt wird. Dies alles passiert in der Nacht, so zwischen Mitternacht und zwei Uhr in der Früh, damit das Essen pünktlich am nächsten Tag zur Abendes-

Als Beilage eignen sich frisch ausgebackene Maistaler, ebenso wie jeder frische Salat der Saison.

Mit riesigen Zangen werden die zuvor in großen Feuerstellen zum Glühen gebrachten Lavasteine in die Bauchhöhle des Schweins versenkt. Die heißen Steine sorgen dafür, daß das Tier von innen her garen kann.

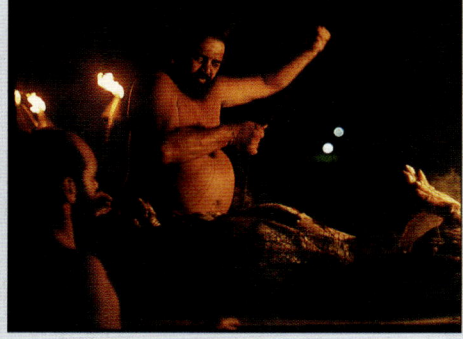

Mit festem Draht geht der Koch dann daran, das Schwein zuzunähen, damit es seine ursprüngliche Form in etwa wiedererlangen kann. Er muß höllisch aufpassen, daß er sich dabei nicht verbrennt.

In Bananenblätter gewickelt, kommt das Schwein dann in die Erde. Dort bleibt es Stunde um Stunde liegen, bis es gar ist. Die Bananenblätter verhindern, daß das Fleisch mit der Erde in Verbindung kommt.

senszeit fertig ist. Die Mais-Fritters als Beilage dazu haben wohl die Amerikaner auf der Insel eingeführt, jedenfalls ist es kein typisch hawaiianisches Rezept. Doch die gebackene Maismasse schmeckt sehr gut zum Schweinefleisch, ebenso wie ein frischer Salat.

Für die Mais-Fritters:
2 Maiskolben (etwa 500 g)
1/8 l Milch
100 g Mehl
2 Eigelbe
Salz, frisch gemahlener weißer Pfeffer
2 Eiweiße
Pflanzenöl zum Ausbacken

Von den Maiskolben die Hüllblätter und Fäden entfernen. In einem großen Topf Salzwasser zum Kochen bringen und die Maiskolben darin 20 bis 25 Minuten kochen. Herausnehmen und abkühlen lassen. Mit einem scharfen Messer die Körner abschneiden. 1/3 der Körner mit der Milch fein pürieren. Das Mehl in eine Schüssel sieben und mit der Maismilch, den Eigelben, Salz und Pfeffer glattrühren. Die restlichen Maiskörner untermischen. Die Eiweiße mit einer Prise Salz zu steifem Schnee schlagen und unter die Maismasse heben. Das Öl in einer großen Pfanne erhitzen, portionsweise die Maismasse einfüllen, flach drücken und von beiden Seiten ausbacken.

Der Amerikanische Hummer viel häufiger am Markt angeboten als sein europäischer Verwandter. Trotz der reicheren Bestände werden auch in Amerika Schutzmaßnahmen ergriffen.

Boston-Hamburger

EINE EDLERE FRIKADELLE IST SONST NIRGENDWO AUF DER WELT ZU FINDEN.

Die Amerikaner an der Ostküste des Landes sind durch reiche Vorkommen von Hummer, Langusten und Garnelen so verwöhnt, daß diese sogar einfachen Hamburgern als feinste Delikatesse geschmacklich zur Seite stehen. Doch der richtige Umgang mit den Krustentieren in der Küche will gelernt sein.

2 lebende Hummer (je etwa 600 g)
520 g Hackfleisch vom Rind
30 g Schalotten, 1 Ei, Salz

Beef and Lobster – zwei Produkte, auf welche die Amerikaner zu Recht stolz sein können. In diesem Gericht vereinen sie sich aufs feinste.

Für die Gewürzmischung:
1 TL gelbe Senfkörner
je 1 TL rote und schwarze Pfefferkörner
2 getrocknete Lorbeerblätter
1 Nelke, 1/2 TL Pimentkörner
1 Muskatblüte
1/2 TL Kardamomsamen
3 TL edelsüßes Paprikapulver
Außerdem:
4 bis 5 EL Pflanzenöl zum Braten
50 g Schalotten
Petersilie zum Garnieren

1. Um die Hummer zu töten, in einem großen, hohen Topf so viel Salzwasser aufkochen, daß die Hummer vollständig bedeckt sein werden. Den

ersten Hummer mit dem Kopf voran in das sprudelnd kochende Wasser einlegen, sofort den Deckel auflegen, 2 Minuten kochen und wieder herausnehmen. Bevor der Vorgang mit dem zweiten Hummer wiederholt wird, muß unbedingt darauf geachtet werden, daß das Wasser wieder richtig sprudelnd kocht.

2. Um die Scheren der Hummer abzutrennen, die Tiere am Brustpanzer festhalten und die Scheren mit drehenden Bewegungen vom Rumpf trennen. Die Scheren mit der Hummerzange anknacken oder mit einem Messer auf die Panzer schlagen, damit sie einen Sprung bekommen. Den Schwanz ebenfalls abdrehen und mit der Schale in etwa 2 cm breite Scheiben schneiden.

3. Die Zutaten für die Gewürzmischung in einer Kaffeemühle zu feinem Pulver vermahlen.

4. Das Hackfleisch in einer Schüssel mit der Gabel auflockern. Die Schalotten schälen und fein hacken. Mit dem Ei, 5 TL der Gewürzmischung und etwas Salz in die Schüssel geben und alles gut miteinander vermischen. Mit feuchten Händen 4 Kugeln von je 130 g formen und diese flachdrücken zu Talern mit 12 cm Durchmesser.

5. Das Öl in einer Pfanne erhitzen. Die Hummerteile und die Fleischtaler darin unter Wenden 5 Minuten braten. Währenddessen die Schalotten schälen, in Ringe schneiden und in den letzten 2 Minuten mitbraten. Mit Petersilie garnieren.

Schinken aus dem Ofen

MIT EINER KARAMELISIERTEN KRUSTE ÜBERZOGEN, WIE MAN SIE IN DEN SÜDSTAATEN LIEBT.

Ein Schinken aus der Unterschale eignet sich sehr gut für diese Zubereitungsart, und mit dem süß-scharfen Pepper-Jelly schmeckt er ausgezeichnet.

1 gepökelter, gekochter Schinken (2 bis 2,5 kg)
10 Gewürznelken
Für die Glasur:
1/4 l Ananassaft, 50 g brauner Zucker
50 g Blütenhonig, 20 g frischer Ingwer
2 Knoblauchzehen, 10 Pfefferkörner
2 Lorbeerblätter, 5 Wacholderbeeren

Für das Pepper-Jelly:
1 kg säuerliche Äpfel
1/2 l Wasser
abgeriebene Schale von 1/2 unbehandelten Zitrone
1,8 kg Zucker
150 g rote Chilischoten
150 g grüne Chilischoten
100 g feingeschnittene Zwiebeln
1/4 l Apfelessig

Für den Apfelsaft ein Sieb mit einem Passiertuch auslegen, auf einen Topf setzen und die Äpfel hineinschütten. Den Saft vollständig ablaufen lassen, die Äpfel dabei aber nicht ausdrücken.

Die Chiliwürfel und die Zwiebeln mit dem Essig aufkochen. Den restlichen Zucker zugeben und kochen, bis er gelöst ist.

Den aufgefangenen Apfelsaft zu der Chilimischung gießen, aufkochen, die Temperatur reduzieren und bei offenem Topf köcheln.

Die Gelierprobe machen: Mit einem Löffel etwas Gelee auf einen Teller geben. Wenn die Flüssigkeit geliert, vom Herd nehmen.

Für die Vorratshaltung das Gelee in Gläser füllen, während des Abkühlens oft drehen, damit sich die Chilistücke nicht absetzen.

Den Schinken mit der Schwarte nach unten auf den Bratrost über die Fettpfanne legen und bei 175 °C im vorgeheizten Ofen etwa 2 Stunden braten. Herausnehmen und etwas abkühlen lassen. Die Schwarte des Schinkens mit einem scharfen Messer entfernen und die verbleibende Fettschicht rautenförmig einschneiden. Die Gewürznelken in die Einschnitte stecken. Für die Glasur den Ananassaft mit dem Zucker und dem Honig in eine kleine Kasserolle geben. Den Ingwer schälen und fein reiben. Die Knoblauchzehen schälen und durch eine Presse drücken. Beides unter den Saft mischen. Die Pfefferkörner, die Lorbeerblätter und die Wacholderbeeren in einem Mörser zerstoßen. Den Inhalt der Kasserolle unter ständigem Rühren aufkochen, die Hitze reduzieren und auf die Hälfte einkochen lassen. Die zerstoßenen Gewürze einrühren. Den Schinken mit der Fettschicht nach oben wieder auf den Rost legen, gleichmäßig mit der Glasur bepinseln und bei 200 °C im vorgeheizten Ofen weitere 30 Minuten braten. Dabei alle 5 Minuten mit der Glasur bestreichen und nach der Hälfte der Garzeit umdrehen. Für das Pepper-Jelly die Äpfel waschen und vierteln. Mit dem Wasser, der Zitronenschale und etwa 1/3 der Zuckermenge in einem entsprechend großen Topf zum Kochen bringen. Die Äpfel etwa 45 Minuten köcheln lassen. Die Chilischoten halbieren, Samen und Scheidewände entfernen und das Fruchtfleisch in feine Würfel schneiden. Weiterverfahren, wie in der nebenstehenden Bildfolge beschrieben.

Filetsteak mit Gurken-Relish

SERVIERT MIT »HOME-STYLE-FRIES«, JENEN IN DEN USA TYPISCHEN FRITIERTEN KARTOFFELN.

Das englische Wort »relish« steht für Geschmack, Würze und besagt schon, daß es sich um eine Mischung handelt. Die würzige Sauce besteht aus pikant eingelegten, zerkleinerten Gemüsestückchen und wird vor allem zu gebratenem oder gegrilltem Fleisch gereicht. Je nach Geschmack kann sie in ihrer Zusammensetzung variieren, meist ist sie jedoch süß-sauer mit einer mehr oder weniger deutlich scharfen Note.

In den Supermärkten der USA ist das Angebot an Rindfleisch bester Qualität zum Kurzbraten sehr groß. Die Stücke sind gut zugeschnitten und vollständig pariert.

4 Rinderfiletsteaks, aus der Mitte geschnitten, je 200 g
80 g roh geräucherter durchwachsener Speck
Salz, frisch gemahlener schwarzer Pfeffer
4 EL Pflanzenöl zum Braten
100 ml Rinderfond

Der Speck verleiht den Steaks einen herzhaften Geschmack, der vorzüglich zum zarten Fleisch paßt. Und durch das Einwickeln wird es darüber hinaus schön in Form gehalten.

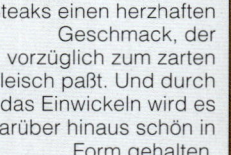

Für das Gurken-Relish:
150 g Salatgurke, 100 g Tomaten, 1 rote Chilischote
1 Knoblauchzehe
1 1/2 EL gehacktes Koriandergrün
abgeriebene Schale von 1/2 unbehandelten Limette
20 ml Limettensaft, 40 ml Fischsauce
1 EL Pflanzenöl, 10 g Zucker
Für die Home-Style-Fries:
600 g neue, festkochende Kartoffeln
Öl zum Fritieren, Salz
Außerdem:
einige Blättchen Koriandergrün

1. Den Speck in 4 Scheiben von je 20 g schneiden. Die Filetsteaks mit dem Speck umwickeln und mit einem Zahnstocher feststecken. Die Steaks salzen und pfeffern.

2. Für das Relish die Gurke halbieren, mit einem Teelöffel die Samen entfernen und das Fruchtfleisch in ganz kleine Würfel schneiden. Die Tomaten von Stielansätzen und Samen befreien und das Fruchtfleisch ebenfalls klein würfeln. Von der Chilischote Stielansatz, Samen und Scheidewände entfernen und das Fruchtfleisch fein hacken. Den Knoblauch schälen und fein würfeln.

3. In einer Schüssel Gurken-, Tomaten-, Chili- und Knoblauchstücke miteinander vermengen. Koriandergrün, Limettenschale und -saft, Fischsauce, Öl und Zucker zugeben und alles gut miteinander verrühren.

4. Die Kartoffeln unter fließendem kaltem Wasser waschen und gut abtropfen lassen. Mit der Schale längs in Schnitze schneiden. In dem auf 180 °C erhitzten Öl einer Friteuse fritieren, mit einem Schaumlöffel herausheben, kurz abtropfen lassen und salzen.

5. Das Öl für die Steaks in einer Pfanne erhitzen und die Steaks darin von jeder Seite 3 bis 4 Minuten braten. Die Steaks auf vorgewärmte Teller legen. Den Bratensatz mit dem Fond ablöschen und unter Rühren loskochen. Durch ein Sieb passieren, abschmecken und über die Steaks verteilen. Mit dem Relish und den fritierten Kartoffeln anrichten, mit Koriandergrün garnieren.

Chinesischer Schweinebraten

BESTES BEISPIEL DAFÜR, DASS FLEISCH DURCH WIEDERHOLTES EIN-PINSELN MIT MARINADE BEIM BRATEN ÄUSSERST SCHMACKHAFT WIRD.

So viele Chinesen leben schon seit Generationen in den Vereinigten Staaten von Amerika, daß es schwer fällt, den Ursprung dieses Gerichtes geographisch festzulegen. Was auch nicht weiter wichtig ist, Hauptsache, es schmeckt so gut, wie es appetitlich aussieht.

1 Spanferkelkeule (etwa 1,7 kg)	
Für die Marinade:	
2 Knoblauchzehen, 1 rote Chilischote	
1 TL scharfes Paprikapulver	
1 Messerspitze gemahlene Nelken	
1/2 TL gemahlener Anis	
4 cl Fischsauce, 4 cl Sojasauce	
Für das Röstgemüse:	
100 g Zwiebeln	
100 g Möhren	
100 g Stangensellerie	
1 Knoblauchzehe	
4 EL Pflanzenöl	
1 Stück Limettenschale	
2 Zweige Koriandergrün	
Zum Aufgießen:	
1/2 l Fleischbrühe	
Außerdem:	
1 TL gehackte Schale von unbehandelter Limette	
1 EL gehacktes Koriandergrün	

Die Spanferkelkeule in kochendem Salzwasser 15 Minuten bei mittlerer Hitze ziehen lassen. Herausnehmen, abtropfen lassen und die Schwarte rautenförmig mit einem scharfen Messer einschneiden. Für die Marinade die Knoblauchzehen schälen und sehr fein hacken. Von der Chilischote Stielansatz, Samen und Scheidewände entfernen und das Fruchtfleisch ebenfalls sehr fein hacken. In einer kleinen Schüssel Knoblauch und Chili mit den restlichen Zutaten der Marinade gut ver-

Die in Salzwasser vorgegarte Keule rundum mit der Marinade einpinseln. Darauf achten, daß sich die Rauten nicht verschieben.

Das Öl in einer entsprechend großen, feuerfesten Form erhitzen. Das Gemüse darin unter mehrmaligem Rühren anrösten.

Die Limettenschale und die Korianderzweige einlegen. Die Keule darauf plazieren und im Ofen braten, wie im Text beschrieben.

rühren. Die Keule damit einpinseln, wie im ersten Bild gezeigt. Für das Röstgemüse die Zwiebeln und Möhren schälen, den Stangensellerie putzen. Alles in grobe Stücke schneiden. Die Knoblauchzehe zerdrücken. Weiterverfahren, wie gezeigt. Das so vorbereitete Gericht bei 180 °C im vorgeheizten Ofen etwa 2 Stunden braten. Dabei immer wieder etwas Brühe angießen und die Keule damit beschöpfen sowie mit der Marinade bepinseln. Die Keule aus dem Ofen nehmen und mit Limettenschale und Koriandergrün bestreuen. Die Sauce durch ein feines Sieb passieren, etwas einkochen lassen, nochmals abschmecken und separat dazu reichen.

Rumpsteak – einfach gegrillt

DIES IST EIGENTLICH KEIN REZEPT, SONDERN NUR EINE ANLEITUNG, WIE FLEISCH RICHTIG GEGRILLT WIRD.

Richtiges Anheizen ist Voraussetzung für das Gelingen. Dafür die Holzkohle neben den Gitterabsperrungen gleichmäßig verteilen. Die Anzünder auflegen und entzünden. Die Lüftung am Boden des Geräts öffnen. Die Kohle notfalls mit einem Blasebalg zum Glühen bringen. Eine Abtropfschale auf den Rost stellen, das Grillgitter einsetzen.

Die Amerikaner machen es uns in ihrer unkomplizierten Art vor. Sie nutzen jede Gelegenheit, um im Freien zu grillen, und lassen ihr »barbecue« zum Fest werden. Richtig grillen fängt schon bei der Wahl des Fleisches an: Es muß von bester Qualität sein. Neben Filet und Roastbeef eignen sich vom Rind auch Hüfte, Hochrippe und – wenn es gut marmoriertes Fleisch ist – auch das Falsche Filet aus der Schulter oder Steaks aus der Oberschale zum Grillen. Bevor das Fleisch auf den Grill kommt, sollte es in jedem Fall Zimmertemperatur angenommen haben. Wie beim Kurzbraten wird mit starker Anfangshitze gegrillt und je nach Stärke und Gewicht des Steaks mit reduzierter Hitze fertiggegart. Wie lange das dauert, richtet sich danach, wie lange das Fleisch abgehangen war, nach dem Gewicht und der Stärke der Fleischteile und natürlich nach dem Geschmack eines jeden Einzelnen: ob rare (stark blutig), medium rare (blutig), medium (mittel/ halb durch) oder well-done (ganz durch). Für ein 2,5 bis 3 cm starkes Rumpsteak von 200 bis 250 g

Die Rinderzucht ist ein wichtiger Zweig der amerikanischen Viehwirtschaft. Die Herden sind meistens so groß, daß die Rancher nur hoch zu Roß den Überblick behalten können.

bedeutet dies – als Richtlinie – in Minuten pro Seite: rare 4 Minuten, medium rare 5 bis 6 Minuten und medium 7 bis 8 Minuten. Abzuraten ist auf jeden Fall vom direkten Grillen über der Glut, wie es bei vielen herkömmlichen Grillgeräten passiert. Denn das hat zur Folge, daß Fett heruntertropft und verbrennt. Dabei entstehen nicht nur lästiger Rauch und Qualm, sondern auch Gefahren für die Gesundheit: Durch das verbrennende Fett bilden sich Benzpyrene, die als krebserregend gelten. Profigeräte dagegen besitzen V-förmige Grillstäbe, bei denen das Fett in die Rillen ablaufen kann. Wie ganz einfach indirekt gegrillt werden kann, zeigt die Bildfolge links. Wichtig ist, daß sich direkt unter dem Fleisch keine Glut, sondern eine Art Abtropfschale befindet. Bei transportablen Grillgeräten, bei denen die Steaks, in

einen Grillkorb eingespannt, vertikal zur Holzkohlenglut im Gerät hängen, kann die Hitze von der Seite einwirken. Bleibt noch die Frage, wann das Fleisch gesalzen oder gewürzt wird. Würzen ist in jeder Phase möglich – je früher, desto stärker ist die Wirkung. Beim Salzen gehen die Meinungen der Experten weit auseinander. Sicher falsch ist, das Fleisch mehr als 2 bis 3 Minuten vorher zu salzen, da Salz dem Fleisch Flüssigkeit entzieht. Nicht befriedigend ist auch die gegensätzliche Methode, erst nach dem Garvorgang zu salzen, denn so kann das Salz keinerlei Verbindung mit dem Fleisch eingehen. Am besten ist wohl, entweder das Fleisch unmittelbar, bevor es auf den Rost kommt, zu salzen oder erst nach halber Garzeit. Als Beilage eignen sich Folienkartoffeln mit Crème fraîche und Salat.

Kalbsschnitzel, mit Spinat gefüllt

UND IN EINER SAUCE AUS FRISCHEN, VOLLREIFEN EIERTOMATEN GEGART.

Die Muskatnuß ist der Same eines in feucht-heißen Gebieten wachsenden Baumes. Das Gewürz begleitet Spinat in vielen Gerichten. Frisch gerieben, entfaltet es sein Aroma am besten.

4 Kalbsschnitzel (je 120 g)
Salz, 50 g Zwiebel, 1 Knoblauchzehe
Für die Tomatensauce:
300 g reife Eiertomaten, 20 g Möhre
50 g Zwiebel, 30 g Stangensellerie
Salz, frisch gemahlener Pfeffer
2 EL Olivenöl
Für die Füllung:
250 g Spinat
30 g frisch geriebener Hartkäse (Bergkäse, Parmesan)
frisch gemahlener weißer Pfeffer
frisch geriebene Muskatnuß
Außerdem:
50 g Butter zum Anbraten

Zweifarbige Bandnudeln sowie in Butter geschwenkte Champignons und Cocktailtomaten sind farbenfrohe Beilagen zu den Kalbfleischtaschen.

1. Für die Sauce die Tomaten waschen, Stielansätze und Samen entfernen und das Fruchtfleisch klein schneiden. Die Möhre und die Zwiebel schälen, den Sellerie putzen und alles fein würfeln. Zuerst die Tomaten, dann das Gemüse in einen Topf füllen, zudecken und bei geringer Hitze 20 Minuten köcheln lassen. Portionsweise diese Mischung mit einem Löffel durch ein grobmaschiges Sieb in eine Kasserolle passieren und das anhaftende Püree vom Sieb abstreifen. Die aufgefangene Sauce ist von flüssiger Konsistenz. Die Sauce erwärmen, mit Salz und Pfeffer würzen. Das Öl löffelweise unter die Sauce ziehen und gleichmäßig verrühren.

2. Für die Füllung den Spinat sorgfältig verlesen und waschen. Tropfnaß in einen Topf füllen, bei starker Hitze zusammenfallen und anschließend in einem Sieb abtropfen lassen, das Wasser leicht

ausdrücken. In einer Schüssel mit dem Käse vermischen und mit Pfeffer und Muskat würzen.

3. Die Schnitzel zwischen Klarsichtfolie legen, mit einem Plattiereisen gleichmäßig plattieren und die Folie wieder entfernen. Das Fleisch salzen. Die Spinatfüllung darauf verteilen und jedes Schnitzel zur Tasche zusammenklappen. Die Ränder mit Holzstäbchen verschließen, damit die Füllung nicht austreten kann.

4. Die Zwiebel und den Knoblauch schälen und fein würfeln. Die Butter in einem entsprechend großen Topf erhitzen. Die Zwiebel, den Knoblauch und die Fleischtaschen darin bei starker Hit-

ze anbraten. Die Tomatensauce zugießen und alles bei mittlerer Hitze etwa 20 Minuten köcheln lassen, bis das Fleisch zart und weich ist.

5. Die Fleischtaschen aus der Sauce nehmen und warm stellen. Die Sauce durch ein Sieb passieren, dabei mit einem Löffel die Zwiebelwürfel durchdrücken. Die Sauce noch 5 Minuten köcheln lassen. Etwas Sauce auf vorgewärmte Teller verteilen und die Fleischtaschen darauf anrichten.

Über Nacht marinieren ist eines der Geheimnisse der Jerk-Mischung. Dadurch kann das Fleisch das Aroma der Würze bestens aufnehmen.

Jungschwein mit Bananen und Reis

SCHARF GEWÜRZTES UND INTENSIV MARINIERTES »JERK PORK« – ALS RAGOUT ZUBEREITET.

Jerk – das Wort steht auf Jamaika für eine besondere Art, Schweinefleisch, Geflügel oder Fisch vor dem Grillen ausgiebig zu marinieren. Unzählige Jerk-Lokale und deren Köche reklamieren für sich, »das beste« Rezept zu haben, ganz so, als ob ein Teil ihres Lebensgefühls davon abhinge.

Für 4 bis 6 Portionen
1 Spanferkelkeule (1,7 kg, ausgelöst etwa 1,4 kg)
80 g Zwiebeln
200 g grüne Paprikaschoten
4 bis 5 EL Pflanzenöl
300 ml Fleischbrühe
600 g reife Kochbananen
Für die Jerk-Mischung:
100 g Frühlingszwiebeln
50 g Zwiebel
3 Knoblauchzehen, 2 Lampion-Chillies
60 ml Rotweinessig
100 ml Pflanzenöl
30 g brauner Zucker
1 EL Thymianblättchen, 100 ml helle Sojasauce

Eintopf auf karibische Art – mit Schweinefleisch, Kochbananen und Reis. Zwar bekommt man in nördlichen Gefilden auch Kochbananen zu kaufen, doch sind sie nicht so aromatisch wie in der Karibik. Grüne Früchte sollte man auf jeden Fall nachreifen lassen.

1 TL schwarze Pfefferkörner
1/2 TL gemahlene Muskatnuß
1/2 TL gemahlener Piment, 1/4 TL gemahlener Zimt
Für den Reis:
1 EL Anattoöl, 200 g Langkornreis
1/2 l Wasser, Salz

Ob grün oder orange, die Lampion-Chillies, auch Scotch bonnet peppers genannt, geben der Jerk-Mischung eine einzigartig aromatische Schärfe.

1. Zunächst die Jerk-Mischung zubereiten. Dafür die Frühlingszwiebeln putzen, die Zwiebel und den Knoblauch schälen. Von den Chilischoten Samen und Scheidewände entfernen, dabei Einmalhandschuhe tragen, denn die Lampion-Chillies sind sehr scharf. Alles fein hacken. Alle Zutaten für die Jerk-Mischung in einem Mörser oder Mixer zu einer feinen Paste verarbeiten.

2. Das Fleisch der Keule auslösen und samt dem Fuß in etwa 12 Stücke schneiden. In eine Form legen, mit der Jerk-Mischung einreiben, zudecken, über Nacht im Kühlschrank marinieren.

3. Die Zwiebeln schälen und fein hacken. Die Paprikaschoten von Samen und Scheidewänden befreien und das Fruchtfleisch würfeln. Das Öl in einer Pfanne erhitzen. Das Fleisch aus der Marinade nehmen, diese etwas abstreifen und die Fleischstücke rundum kräftig anbraten. Die Zwiebeln kurz mitbraten. Die Paprika zugeben und die

Fleischbrühe angießen. Die restliche Jerk-Mischung einrühren. Bei geringer Hitze 40 bis 45 Minuten schmoren.

4. Die Bananen schälen, in 1 cm dicke Scheiben schneiden. Je nach Reifegrad die letzten 5 Minuten zum Fleisch geben oder mit 2 EL Öl von beiden Seiten anbraten und zum Schluß zugeben.

5. Das Anattoöl erhitzen und den Reis darin glasig braten. Das Wasser zugießen, salzen und den Reis bei geringer Hitze in 20 Minuten ausquellen lassen. Unter das fertige Gericht mischen.

Fleischeintopf mit Bohnen

SCHWARZE UND WEISSE BOHNEN SOWIE ROTE UND GRÜNE
PAPRIKASCHOTEN SORGEN FÜR FARBLICHEN KONTRAST.

In der mexikanischen Küche werden viele Gerichte scharf gewürzt, so auch ein solcher Eintopf. Für eine etwas mildere Variante sorgen die hier verwendeten Peperoni. Epazote, ein Kraut aus der Familie der Gänsefußgewächse mit leicht zitronenartigem Aroma, gehört in Mexiko zu jedem Gericht mit schwarzen Bohnen.

1 kg Schweinefleisch aus der Schulter
200 g getrocknete schwarze Bohnenkerne
200 g kleine, getrocknete weiße Bohnenkerne
Salz, 80 g rote und grüne Peperoni
300 g Zwiebeln, 4 Knoblauchzehen
500 g grüne Paprikaschoten
400 g rote Paprikaschoten
5 EL Pflanzenöl
30 g Tomatenmark
400 ml passierte Tomaten
800 ml Fleischbrühe
frisch gemahlener weißer Pfeffer
2 Lorbeerblätter
Außerdem:
gehackter Epazote zum Bestreuen

1. Die Bohnen getrennt voneinander in Schüsseln mit kaltem Wasser bedecken und über Nacht einweichen. Das Einweichwasser abgießen und die Bohnen gut abtropfen lassen. In einem entsprechend großen Topf leicht gesalzenes Wasser aufkochen, die schwarzen Bohnen hineingeben und etwa 50 Minuten kochen.

2. Das Schweinefleisch in etwa 1,5 cm große Würfel schneiden. Die Peperoni halbieren, Samen und Scheidewände entfernen und das Fruchtfleisch fein hacken. Die Zwiebeln und den Knoblauch schälen und in kleine Würfel schneiden. Die Paprikaschoten halbieren und Samen und Scheidewände entfernen. Die grünen Schoten in 1 cm große Quadrate schneiden. Die roten Schoten im Mixer fein pürieren, das Püree durch ein feines Sieb streichen und den Saft beiseite stellen.

3. In einem großen Topf 2 EL Öl erhitzen und Zwiebeln und Knoblauch darin hell anschwitzen. Die Peperonistücke kurz mitschwitzen. Das Tomatenmark einrühren und 2 bis 3 Minuten mitbraten. Die passierten Tomaten und die Hälfte der Brühe zugeben und aufkochen lassen. Die weißen Bohnen untermischen, den Deckel auflegen und alles bei reduzierter Hitze 25 Minuten köcheln lassen.

4. Das restliche Öl in einer Pfanne erhitzen und das Fleisch darin rundherum anbraten. Zu den weißen Bohnen in den Topf geben und untermischen. Die restliche Brühe zugießen, mit Salz und Pfeffer würzen und die Lorbeerblätter einlegen. Weitere 15 Minuten köcheln lassen. Die grünen Paprikawürfel zufügen und 10 Minuten mitköcheln. Die gekochten schwarzen Bohnen abgießen, mit Wasser abspülen, gut abtropfen lassen und in den letzten 3 Minuten unter den Eintopf mischen. Abschmecken. Zum Schluß den Paprikasaft unterrühren. Mit Epazote garnieren.

Ein Blick auf das Chiliangebot auf einem Markt im mexikanischem Bundesstaat Oaxaca läßt erkennen, wie wichtig die Schoten im täglichen Speiseplan sind. Sie werden oft mit Bohnen und Fleisch aller Art kombiniert.

Scharfe Filetscheiben

PAILLARD AUF MEXIKANISCH – MIT EINER FEIN
ABGESCHMECKTEN TOMATENSAUCE.

Als die Spanier im Jahre 1521 die Hauptstadt
Mexikos, Tenochtitlán, einnahmen, brachte dies
unzählige Veränderungen und Einschnitte in die
Lebensweise der damaligen indianischen Bevölkerung mit sich. Die Eroberer brachten bis dahin
unbekannte Tiere mit, darunter Rinder und Pfer-
de. Um 1530 begann sich eine Rinderzucht zu entwickeln, die vor allem im Norden des Landes ge-
pflegt wurde, wo damals – und auch heute noch –
riesige Weideflächen zur Verfügung standen, um
die Tiere unter freiem Himmel zu halten. Die
Qualität des Fleisches ist jener auf der anderen
Seite des großen Grenzflusses Rio Bravo produ-
zierten amerikanischen Fleischqualität durchaus
ebenbürtig. Unzählige Rezepte mit Rindfleisch
belegen dessen Beliebtheit.

8 Scheiben Rinderfilet (je etwa 60 g)
1/2 TL edelsüßes Paprikapulver
3 EL Pflanzenöl, Salz

Feinstes Rinderfilet
pikant gewürzt. Der
Geschmack der Sauce
ist unverwechselbar
mexikanisch: Tomaten,
Limettensaft, Knoblauch,
Zwiebeln und reichlich
Koriandergrün.

Cilantro, wie das Kraut
der Korianderpflanze
auf spanisch heißt, wird
in Mexiko so verwendet
wie anderswo die
Petersilie. Sein unver-
wechselbarer Ge-
schmack würzt viele
Saucen, allerdings
nur die frischen,
denn das Kochen
bekommt ihm nicht.

Für die Tomatensauce:
500 g reife Tomaten
100 g Zwiebeln, 4 Knoblauchzehen
1 kleiner Habanero-Chili
1 EL Pflanzenöl, Saft von 1/2 Limette
1 EL gehacktes Koriandergrün
Salz, frisch gemahlener weißer Pfeffer
Außerdem:
Limettenscheiben, Koriandergrün

1. Für die Sauce die Tomaten blanchieren, kalt
abschrecken, häuten, vierteln, Stielansätze und
Samen entfernen und das Fruchtfleisch in kleine
Würfel schneiden. Die Häute und die Samen
durch ein feines Sieb in eine kleine Schüssel passieren und den aufgefangenen Saft beiseite stellen. Die Zwiebeln und den Knoblauch schälen
und fein hacken. Die Chilischote halbieren, Stiel-

ansatz und Samen entfernen und das Fruchtfleisch fein hacken, dabei Einmalhandschuhe tragen, denn diese Chilisorte ist sehr scharf.

2. Die Filetscheiben einzeln zwischen Klarsichtfolie legen und mit dem Plattiereisen flach klopfen. Die Folie entfernen und die Fleischscheiben
mit Paprikapulver bestreuen.

3. In einer großen Pfanne das Öl erhitzen und die
Fleischscheiben darin von beiden Seiten kurz braten. Herausnehmen und salzen.

4. In der Pfanne das Öl für die Sauce erhitzen und
die Zwiebel- und Knoblauchwürfel darin glasig
anschwitzen. Die Tomatenwürfel und die Chilistücke untermischen, 2 bis 3 Minuten mitschwitzen. Den beiseite gestellten Tomatensaft und den

Limettensaft zugießen, das Koriandergrün zufügen, mit Salz und Pfeffer würzen. Alles gut vermischen und 5 Minuten köcheln lassen.

5. Die Fleischscheiben einlegen und in der Sauce erwärmen. Mit der Sauce auf vorgewärmten Tellern anrichten. Mit Limettenschei-
ben und Koriandergrün garnieren.

Tequila, der hoch-
prozentige Schnaps aus
Agavenpflanzen, wird
traditionell aus kleinen
Gläsern getrunken, be-
gleitet von Limettensaft
und etwas Salz.

Schweinefleisch mit Orangensaft

SERVIERT MIT EINER RAFFINIERTEN SAUCE AUS TOMATILLOS, DEN MEXIKANISCHEN „GRÜNEN TOMATEN", UND AVOCADO.

Dieses Gericht stammt aus dem mexikanischen Bundesstaat Michoacán, einer fruchtbaren Gegend mit viel Ackerbau und Viehzucht. Als tägliche Verpflegung kochen die Bauersfrauen oft solche »carnitas«, Fleischstückchen, die mit frischen Tortillas und gehaltvollen Saucen verzehrt werden. Die Sauce in diesem Rezept verlangt nach »tomatillos«. Das sind nicht etwa unreife Tomaten, sondern Verwandte der Kap-Stachelbeeren. Ebenso wie bei diesen sind bei den Tomatillos die papierartigen Kelche ungenießbar. Für das Fleisch dagegen werden tatsächlich unreife Tomaten benötigt.

Frisches Fleisch
hängen die Metzger auf mexikanischen Märkten direkt vor den Augen der Verbraucher an großen Haken auf oder legen es ohne Abschirmung einfach auf die sauberen Steintheken.

1 kg Schweinefleisch aus der Oberschale
40 g Zwiebel, 2 kleine Knoblauchzehen
2 l Wasser, 10 g Salz
80 g unreife Tomaten
20 g Schweineschmalz
130 ml frisch gepreßter Orangensaft
130 ml Milch

Für die Sauce:
3 frische Serrano-Chillies
300 g Tomatillos, 200 ml Wasser
1 Knoblauchzehe, 1 EL Obstessig
100 g Zwiebeln
200 g Avocado
1 EL abgezupftes Koriandergrün, Salz

1. Das Fleisch in etwa 4 cm große Würfel schneiden. Die Zwiebel und den Knoblauch schälen und grob zerteilen. In einem großen Topf das Wasser mit Zwiebeln, Knoblauch und Salz aufkochen. Das Fleisch einlegen, aufkochen und bei mittlerer Hitze 1 bis 1 1/2 Stunden köcheln lassen, dabei immer wieder den aufsteigenden Schaum abschöpfen. Das Fleisch abseihen.

2. Von den unreifen Tomaten Stielansätze und Samen entfernen und das Fruchtfleisch klein würfeln. Das Schmalz in einem großen Topf erhitzen, Orangensaft und Milch angießen. Das Fleisch und die Tomatenstücke zufügen. Etwa 20 Minuten im offenen Topf köcheln lassen, bis das Fleisch Farbe angenommen hat.

3. Für die Sauce die Chilischoten halbieren, Samen und Scheidewände entfernen. Die Tomatillos von den Hüllen befreien. Das Wasser aufkochen; Chillies und Tomatillos darin bei schwacher Hitze 20 Minuten kochen, abseihen. Den Knoblauch schälen und zusammen mit der Tomatillo-Mischung und dem Essig im Mixer zu einer dickflüssigen Sauce pürieren.

4. Die Zwiebeln schälen und fein hacken. Die Avocado schälen, den Samen entfernen und das Fruchtfleisch klein schneiden. Mit dem Koriandergrün unter die Sauce mischen. Abschmecken.

Sehnsuchtsvolle Klänge werden den Gitarren bei argentinischen Grillfesten, spanisch »asados« genannt, entlockt. Die Lieder erzählen vom harten Leben der Gauchos, ihren Sorgen und Freuden.

Beef, Bohnen und Reis

SO EINFACH UND DOCH SO GUT, DASS DIE KOMBINATION IN VIELEN LÄNDERN BESTAND HAT.

Ob im Süden oder im Norden des amerikanischen Kontinents, überall finden sich Gerichte mit Rindfleisch, Bohnen und Reis. Was in den großen Weidegebieten der USA bekannt ist unter dem Namen »Texas chili and rice«, findet sich auch Tausende von Kilometern weiter südlich in Argentinien wieder. Je schärfer desto besser scheint oft die Devise zu sein, doch auch mildere Varianten sind beliebt. Und es zeigt, daß die Argentinier ihr gutes Rindfleisch nicht nur auf dem »Asado«, dem Grill, zubereiten. Denn ein solches »Asado«-Fest ist eher etwas für Feiertage, wenn Freunde und Familie Zeit haben, sich in Ruhe zu versammeln. Dieser kräftige Eintopf ist vielmehr ein Alltagsessen, das mit den immer verfügbaren Zutaten Reis, Tomaten, Bohnen, Zwiebeln und Paprikaschoten zubereitet wird. Bei der Wahl der Bohnen bieten sich die Roten Kidneybohnen an. Die mehligkochenden, leicht süßlichen Bohnen sind die Grundlage für jedes »Chili con carne«.

500 g Rindfleisch (aus der Keule)
120 g Zwiebeln
200 g gelbe oder grüne Paprikaschoten
1 Dose Kidneybohnen (Abtropfgewicht 255 g)
3 EL Pflanzenöl
200 g kalifornischer Rundkornreis
40 g Tomatenmark

Die Fleischwürfel in dem erhitzten Öl kroß anbraten. Die Zwiebeln zugeben und kurz mitbraten. Den Reis zuschütten und braten, bis er glasig wird. Die Paprikastreifen untermischen. Das Tomatenmark kurz mitbraten. Die Tomaten mit ihrem Saft und die Bohnen unterrühren. Würzen. Fond und Wasser aufgießen Weiterverfahren, wie im Text beschrieben.

1 Dose geschälte Tomaten (Saft und Fleisch, 400 g)
2 bis 3 EL Chilipulver
Salz
350 ml Rinderfond
1/4 l Wasser
Außerdem:
1 EL gehackte Petersilie oder Koriandergrün
geriebener Hartkäse (Colby, Greyerzer oder Bergkäse)

Das Rindfleisch in sehr kleine Würfel schneiden. Die Zwiebeln schälen und fein hacken. Die Paprikaschoten waschen, vierteln, Stielansätze, Samen und Scheidewände entfernen und das Fruchtfleisch in Streifen schneiden. Die Bohnen aus der Dose kurz unter kaltem Wasser abspülen und abtropfen lassen. Das Öl in einer großen Pfanne erhitzen. Weiterverfahren, wie in der Bildfolge gezeigt. Sobald alle Zutaten in der Pfanne sind, die Hitze reduzieren und 20 bis 25 Minuten köcheln lassen. Mit Salz und Pfeffer abschmecken und mit den gehackten Kräutern bestreuen. Mit dem geriebenen Käse garnieren. Daß in diesem Rezept auf Tomaten aus der Dose zurückgegriffen wird, hat zwei einfache Gründe: Sie sind sehr schön saftig und behalten ihre leuchtende Farbe auch während des Kochvorgangs.

Mit Koriandergrün oder Petersilie garnierter Eintopf aus Rindfleisch, Bohnen und Reis. Er gleicht dem »Chili con carne«, ist aber durch den Reis eine wirklich komplette Mahlzeit.

GERÄTE UND HILFSMITTEL

Die Standardausstattung einer jeden Küche genügt im Normalfall völlig, um Schlachtfleisch fachgerecht zubereiten zu können. Darüber hinaus gibt es einige Geräte, die für spezielle Zubereitungsarten benötigt werden. Für welche man sich entscheidet, bleibt selbstverständlich den eigenen Vorlieben überlassen. Die Übersicht auf dieser Seite ist daher nur als Hilfe bei der Auswahl gedacht.

 1 Bräter (Bratreine)
 2 Wok
 3 Schaufel für den Wok
 4 Stielkasserollen in verschiedenen Größen
 5 Suppentopf
 6 Passierstößel
 7 Spitzsieb
 8 Grillpfanne
 9 kleine und große Pfanne
10 Fleischwolf mit verschiedenen Einsätzen
11 Metallspieße
12 Bambusspieße
13 Rouladennadeln
14 Plattiereisen
15 Schneidebretter mit und ohne Saftrinne
16 Schneebesen
17 Schöpfkelle
18 Schaumlöffel
19 Pfannenschaufel
20 Küchengarn
21 Wetzstahl
22 Kochmesser, groß
23 Fleischmesser
24 Kochmesser, klein
25 Allzweckmesser
26 Fleischgabel
27 Hackbeil
28 Spicknadel
29 Fleischthermometer mit Edelstahlfühler

Register

Warenkundliche sowie verarbeitungstechnische Informationen sind
kursiv geschrieben. Alle anderen Stichwörter beziehen sich auf die Rezepte.

IMPRESSUM

WIR DANKEN
allen, die durch Ihre Beratung, Hilfe und tatkräftige Unterstützung
zum Gelingen dieses Buches beigetragen haben:
Ristorante Bertino, Bologna, Italien; Metzgerei Haubensack, Sélestat, Frankreich;
Herrn Engelbert Miedler, Fleischhauerei Wien, Österreich;
Herrn Jaroslav Müller, Wien Österreich

Genehmigte Lizenzausgabe für Verlagsgruppe Weltbild GmbH, Steinerne Furt, 86167 Augsburg
Copyright der Originalausgabe © 1997 by Gräfe und Unzer Verlag GmbH, München
Teubner Edition ist ein Unternehmen des Verlagshauses Gräfe und Unzer, Ganske Verlagsgruppe

Produkt- und Bildbeschaffung: Angelika Mayr, Pascale Veldboer
Kochstudio: Barbara Mayr (Rezeptentwicklung), Oliver Brachat, Helena Brügmann, Walburga Streif
Fotografie: Christian Teubner, Odette Teubner, Oliver Brachat, Julia Christl, Andreas Nimptsch,
Ulla Mayer-Raichle
Redaktion: Alexandra Cappel, Birgit Kahle, Inken Kloppenburg, Dr. Ute Lundberg (oec.troph.),
Veronika Storath, Pascale Veldboer, Katrin Wittmann
Layout/DTP: Christian Teubner, Dietmar Pachlhofer, Gabriele Wahl
Herstellung: Angelika Mayr, Gabriele Wahl
Reproduktion: walcker repro, D-88316 Isny im Allgäu
Umschlaggestaltung: Waldmann & Weinold - Kommunikationsdesign, Augsburg
Umschlagmotiv: © StockFood.com / Lister, Louise
Druck: Dr. Cantz'sche Druckerei, GmbH & Co., D-73760 Ostfildern

978-3-8289-1427-8

2012   2011   2010
Die letzte Jahreszahl gibt die aktuelle Lizenzausgabe an.

Einkaufen im Internet:
www.weltbild.de